Guía de recuperación de la codependencia

Sana tu personalidad y relaciones codependientes con este manual de usuario para no más codependencia, cúrate de la gente narcisista y sociópata aprendiendo a retomar el control

Por Marcos Romero

Tabla de contenido

Tabla de contenido

Introducción

Capítulo 1 - ¿Eres codependiente?
Los rasgos de la codependencia
Cómo se desarrolla la codependencia
Pruebas de codependencia

Capítulo 2 - Revisitando tu pasado
Familias disfuncionales
Adicción
Enfermedades

Capítulo 3 - El proceso de recuperación
Establecer límites
Ponerse primero
Escucha a otros
Validación

Capítulo 4 - Romper los patrones
Negación
Baja autoestima
Conformidad
Control
Evasión
Recordatorios de recuperación

Conclusión

Introducción

Felicitaciones por comprar la Guía de recuperación de la codependencia y gracias por hacerlo.

Los siguientes capítulos analizarán los diferentes enfoques para recuperarse de una relación codependiente y las mejores formas de reconstruir su vida una vez más. Hay muchos ejemplos prácticos que se pueden seguir para ayudar a un individuo a recuperarse de una mala relación o reconstruir su amor existente.

Hay muchos libros sobre este tema en el mercado, ¡gracias de nuevo por elegir este! Se hicieron todos los esfuerzos posibles para asegurar que está lleno de información útil tanto como sea posible, por favor, disfruta de ella !

Capítulo 1 - ¿Eres codependiente?

La codependencia es una relación disfuncional en la que un individuo depende del otro para sus necesidades emocionales y emocionales. Asimismo, retrata una relación que permite a otra persona mantener su conducta perturbadora, adictiva o de bajo rendimiento.

¿Te sientes atrapado en tu relación? ¿Es correcto decir que siempre eres el que hace sacrificios en tu relación? En este punto, puedes estar en una relación codependiente.

El término codependencia ha existido por un período considerable de tiempo. A pesar del hecho de que se aplicó inicialmente a parejas de bebedores empedernidos (primeramente llamados co-borrachos), los especialistas descubrieron que las características de los codependientes eran considerablemente más evidentes que en otro tipo de comunidades que recientemente se había explorado. A decir verdad, descubrieron que si te criaron en una familia disfuncional o tuviste un padre abusador, también podrías ser codependiente.

Los especialistas también descubrieron que los efectos secundarios codependientes se deterioraban si no se trataban. Afortunadamente, son reversibles.

Manifestaciones de codependencia

El siguiente es un resumen de las indicaciones de codependencia y estar en una relación codependiente. No los necesitas todos para calificar como codependiente.

Correspondencia disfuncional. Los codependientes experimentan dificultades en lo que respecta a comunicar sus pensamientos, emociones, y nececidades. Obviamente, si no tienes ni idea de lo que piensas, sientes, o necesitas, esto se convierte en un problema. Tienes dudas en decir la verdad, con el argumento de que preferirías no molestar a otra persona. La comunicación termina siendo poco confiable y confusa cuando intentas controlar al otro individuo por temor.

Límites inadecuados. Los límites son una especie de línea inexistente entre tú y los demás. Divide lo que es tuyo y de otra persona, y que no se aplica exclusivamente a tu cuerpo, dinero y posesiones, sino también a tus emociones, opiniones, y necesidades. Eso es particularmente difícil para los codependientes. Tienen límites borrosos o frágiles. Se sienten a cargo de las emociones y problemas de otras personas o culpan a otra persona. Algunos codependientes tienen límites inflexibles. Son amilanados y aislados, lo que dificulta que otras personas se acerquen a ellos. Algunas veces, las personas cambian de un lado a otro entre tener límites débiles y tener límites inflexibles.

Rechazo. Uno de los problemas que enfrentan las personas para obtener ayuda para la codependencia es que intentan alegar ignorancia al respecto, lo que implica que no enfrentan su preocupación. Por lo general, piensan que el problema es otra persona o la circunstancia. O bien siguen quejándose o tratando de arreglar la otra persona o se mueven entre diferentes relaciones s o puestos de trabajo y nunca descubren que tienen un problema. Los codependientes también niegan sus sentimientos y necesidades. Con frecuencia, no tienen la menor idea de lo que sienten y están más bien centrados en lo que sienten los demás. Algo muy similar va para sus necesidades. Se centran en las necesidades de otros individuos y no en las suyas. Pueden estar tratando de alegar ignorancia de sus necesidades de espacio e independencia. Aunque algunos codependientes parecen no tener dinero, otros actúan como si fueran independientes con respecto a la necesidad de ayuda. No se conectarán y experimentarán dificultades para llamar la atención. Son deliberadamente ignorantes de su impotencia y exigencia de adoración y cercanía.

Reactividad. Un resultado de límites insuficientes es que respondes a las perspectivas y emociones de todos. Si alguien dice algo que no puedes evitar contradecir, confías en él o te vuelves protector. Tú ingieres sus palabras, alegando que no hay límite. Con un límite, tú entiendes que era sólo su evaluación y no una impresión de ti y no sentirse comprometida por desacuerdos.

Cuidado. Otro impacto de los límites deficientes es que si otra persona tiene un problema, debes presionarlos hasta el punto de entregarte. Es normal sentir compasión hacia alguien, sin embargo, los codependientes comienzan a poner a otros individuos frente a ellos. De hecho, tienen que ayudar y pueden sentirse rechazados si alguien más no necesita ayuda. Además, continúan intentando ayudar y reparar al otro individuo, a pesar de que ese individuo no está tomando su recomendación inequívocamente.

Baja confianza Sentir que eres lo suficientemente malo o compararte con los demás son indicios de poca confianza. Lo dudoso de la confianza es que algunas personas tienen una opinión favorable de sí mismas, sin embargo, es solo una máscara: realmente no se sienten merecedores de amor o carentes de cualidades. Debajo de esa máscara, hay sentimientos de desdicha generalmente ignorados. La culpa y el los pequeños detalles regularmente requieren poca confianza. Si todo está impecable, no te sientes mal contigo mismo.

Control. El control ayuda a los codependientes a tener una sensación de seguridad. Todo el mundo necesita algo de autoridad sobre algunas ocasiones en su vida. No desearías vivir en una vulnerabilidad y un desorden constantes; sin embargo, para los codependientes, el control restringe su capacidad de andar por las ramas y expresar sus sentimientos. Parte del tiempo, tienen una adicción que, o bien, los lleva a emerger, similar al abuso de licor, o los alienta a mantener sus emociones bajo control, similar a la adicción al trabajo, con el objetivo de no mostrarlos. Los codependientes también necesitan controlar a quienes están cerca de ellos, ya que necesitan que otras personas continúen con un objetivo particular en mente para sentirse bien. Es posible tener programas que ayuden a las personas a comprender cómo controlarse. Por otra parte, los codependientes son mandones y te revelan lo que debes o no debes hacer. Esto es una infracción del límite de otra persona.

Sentimientos difíciles La codependencia ejerce presión y provoca sentimientos lastimosos. La desgracia y la baja confianza producen intranquilidad y temor de ser juzgado, despedidos, cometer errores, siendo una decepción, y sentirse atrapado por estar cerca o estar separado de todos los demás. Los diferentes efectos secundarios conducen a sentimientos de indignación y desdén, desánimo, miseria y desesperanza. En el momento en que las emociones son excesivas, puedes sentirte entumecido.

Satisfacer a los demás. Está bien tener que satisfacer a alguien que te importa, sin embargo, los codependientes generalmente no creen que tengan una opción. Decir "No" les causa inquietud. Algunos codependientes experimentan serias dificultades para decir "No" a nadie. Hacen un esfuerzo especial y sacrifican sus propias necesidades para adaptarse a otras personas.

Sometimiento. Los codependientes necesitan a otros individuos para que les guste sentirse bien consigo mismos. Sienten ansiedad por ser rechazados o abandonados, independientemente de si pueden trabajar individualmente. Hay personas que constantemente necesitan la aprobación de los demás, incluso cuando es mejor pensar por sí mismos. Esta cualidad hace que les sea difícil cortar una asociación, incluso cuando una relación no les está funcionando.

Problemas con la cercanía. Por esto, se entienden los problemas asociados con la intimidad con tu pareja. Estoy buscando ser abierto y cercano con alguien en una relación privada. Como resultado de sentir miedo, puedes esperar que te juzguen, rechacen o abandonen. Algunas personas sienten que sus parejas son mucho más sofisticadas que ellas y, a su vez, temen compartir sus vidas con ellos. Este es un problema grave que puede persistir durante mucho tiempo en una relación y causar daños inesperados.

Hay ayuda para la recuperación y el cambio para las personas que son codependientes. El primer paso es obtener consejos de un amigo cercano o un familiar y comenzar el proceso. Es mejor hacerlo de inmediato que esperar.

Los rasgos de la codependencia

Piensa en la codependencia, cuando dos individuos con características disfuncionales se vuelven más terribles juntos. El enredo ocurre cuando los límites claros sobre dónde comienzas y dónde termina tu pareja no se especifican claramente.

Piensa en la pareja más abatida que hayas conocido en algún momento. (Idealmente, no eres parte de este par). Puedes preguntar por qué estas personas todavía están unidas. Los adultos son miembros dispuestos en las organizaciones. Además, por desafortunadas que sean las relaciones, puede haber ganancias para las dos grupos. Los propósitos básicos de permanecer juntos incluyen a jóvenes, cuentas, tiempo contribuido y temor a la desgracia que puede acompañar a la separación. Sin embargo, el mayor problema es la convicción de que una o las dos personas aceptan que tienen derecho a ser abusadas.

Indicaciones de codependencia

La definicion habitual de codependencia se ha concentrado en el control, el apoyo y el mantenimiento de asociaciones con personas que son artificialmente dependientes o que participan en prácticas desafortunadas, por ejemplo, el narcisismo. Un modelo ejemplar de codependencia es un cónyuge alcohólico y su esposa empoderadora.

Los científicos sostienen que las personas codependientes comparten el deber con respecto a la conducta infortunada, principalmente al concentrar sus vidas en la conducta devastada o terrible y al hacer que su propia confianza y prosperidad dependan de la conducta del pariente indeseable.

Diferentes científicos adivinaron que el compañero práctico (o sano) apoya al compañero angustiado cuando el individuo participa en una conducta no deseada. Esta conducta es en definitiva maravillosa para la pareja en problemas, que sirve para fortalecerla. Se cree que el socio que controla la mayoría de las recompensas (que fabrica su base de capacidad) es el extraordinario, mientras que el otro está agradecido con la persona en cuestión. En cualquier punto donde haya una lucha progresiva, hay una comprensión básica. Como tal, se necesitan dos para bailar el tango, y la pareja necesitada o servil puede no ser tan impotente, distante o inocente como aparecen.

Las consultas adjuntas pueden completarse como un manual para decidir si tu relación incluye codependencia:

- ¿Difundes los problemas de tu pareja con medicamentos, licor o la ley?
- ¿Tus sentimientos de conducta incluyen hacer sacrificios escandalosos para satisfacer las necesidades de tu pareja?
- ¿Te quedas en silencio para mantener una distancia estratégica en las peleas?
- ¿Te estresas continuamente por las evaluaciones que otros hacen de ti?
- ¿Te sientes atrapado en tu relación?
- ¿Es difícil decir que no cuando tu pareja hace demandas sobre tu tiempo y vida?

El desarrollo de la codependencia

Durante el parto, estamos característicamente indefensos y totalmente sujetos a nuestros guardianes para la alimentación, segouridad y pautas de vida. La conexión de un niño recién nacido y vínculo con al menos una figura parental es básica para la supervivencia física y anímica. Esta conexión básica hace que el recién nacido dependa de las necesidades y vulnerabilidades de la figura parental.

Crecer con un padre problemático o inaccesible significa asumir el trabajo de supervisor y, además, de agente potenciador. Un joven, en esta circunstancia, antepone las necesidades de los padres. Las familias disfuncionales no reconocen que existen problemas. En consecuencia, sus individuos sofocan los sentimientos y desatienden sus propios necesidades para concentrarse en del padre(s) inaccesible(s). En el momento en que el joven "parentificado" se convierte en adulto, el individuo en cuestión reafirma una dinámica similar en sus vínculos con adultos.

El menosprecio surge cuando no percibes tus propios deseos y necesidades. Una inclinación de conducta típica es explotar o atacar cuando tu pareja te lo permite. No contar con un lugar de control interior significa buscar manantiales exteriores de aprobación y control. Puedes intentar controlar las prácticas de tu pareja para sentirte bien. Puedes actuar de forma arrogante y mandona, y hacer demandas irracionales a tu pareja. Además, cuando comprendes que no puedes controlar sus disposiciones o actividades, te desilusionas y puedes caer en un estado de abatimiento.

Suele ser difícil reconocer a un individuo que es codependiente y que simplemente es tenaz o está fascinado con alguien más. Sea como fuere, un individuo que es codependiente típicamente:

- Permanecerá en la relación independientemente de si saben que su pareja hace cosas destructivas.

- No hallará satisfacción o alegría en la vida salvo en hacer las cosas por el otro individuo.

- Utilizará todo su tiempo y vitalidad para darle a su pareja todo lo que piden.

- Pasarán por alto su propia ética o voz interior para hacer lo que el otro individuo necesita.

- Sentirán un nerviosismo constante acerca de su relación debido a su anhelo de ser consistentemente satisfactorio para el otro individuo.

- Hará cualquier cosa para complacer y cumplir con su agente de empoderamiento independientemente del costo para ellos.

- Otros individuos pueden intentar conversar con los codependientes sobre sus preocupaciones. En cualquier caso, independientemente de si otros proponen que el individuo es excesivamente necesitado, un individuo en una relación codependiente pensará que es difícil abandonar la relación.

- Se sentirá arrepentido de considerarse a sí mismos en la relación y no expresar ninguna necesidad o deseo.

- El individuo codependiente sentirá un choque extraordinario sobre aislarse del agente de empoderamiento con el argumento de que su propio carácter está enfocado después de sacrificarse por el otro individuo.

Cómo se desarrolla la codependencia

La codependencia es algo que se puede transmitir de una generación a otra. Es una condición pasional y de conducta que influye en la capacidad de una persona para tener una relación sólida y comúnmente satisfactoria. De lo contrario, se denomina "adicción a las relaciones", ya que las personas con codependencia frecuentemente estructuran o mantienen relaciones que son desiguales, sinceramente perjudiciales y perniciosas. El desorden se identificó por primera vez alrededor de diez años atrás como el efecto de largos períodos de considerar vínculos relacionales en grupos de bebedores. La conducta mutuamente dependiente se descubre al observar y hacerse pasar por otros familiares que muestran este tipo de conducta.

¿A quién afecta la codependencia?

La codependencia con frecuencia influye en un compañero de vida, un padre, un pariente, un compañero o un colaborador de una persona acosada por la dependencia del alcohol o la medicación. Inicialmente, mutuamente dependiente era un término utilizado para representar a los compañeros en la dependencia a la bebida, las personas que viven con, o en asociación con un individuo adicto. Se han encontrado ejemplos comparativos en personas involucradas con personas enfermas crónicas o racionales. Hoy, sea como fuere, el término se ha expandido para representar a cualquier individuo mutuamente dependiente de cualquier familia disfuncional.

¿Qué es una familia disfuncional y Cómo lleva a la co-dependencia?

Una familia disfuncional es aquella en la que las personas experimentan los efectos nocivos del temor, la indignación, el tormento o la desgracia que se pasa por alto o se niega. Asuntos básicos pueden incorporarse a cualquiera de los siguientes:

- Una adicción de un pariente a las drogas, licor, relaciones, trabajo, alimentación, sexo o apuestas.

- La presencia de abuso físico, pasional o sexual.

- La cercanía de un familiar que experimenta una enfermedad mental o física constante.

Las familias disfuncionales no reconocen que existen problemas. Ellos no los discuten o los desafían. Por lo tanto, los familiares descubren cómo frenar los sentimientos y descartar sus propias necesidades. Se convierten en "sobrevivientes". Crean prácticas que les ayudan a negar, ignorar o mantener una distancia estratégica de los sentimientos difíciles. Se separan ellos mismos. Ellos no hablan. Ellos no contactan. Ellos no se enfrentan. Ellos no sienten. Ellos no confían. El carácter y la mejora emocional de los individuos de una familia disfuncional son reprimidos regularmente.

La consideración y la vitalidad se centran en el pariente enfermo o adicto. El individuo mutuamente dependiente normalmente sacrifica sus necesidades para tratar con un individuo que está destruido. Hasta el punto en que la gente mutuamente dependientes colocan el bienestar, salud , y seguridad de otros individuos antes que la suya propia, y pueden perder el contacto con sus propias necesidades, deseos y sentimientos.

¿Cómo se comporta la gente Co-dependiente?

Las personas mutuamente dependientes tienen poca confianza y buscan cualquier cosa fuera de sí mismas para sentirse bien. Ellos piensan que es difícil "actuar con naturalidad." Algunos intentan sentirse mejor a través de licores, medicamentos, o la nicotina - y se convierten en adictos. Otros pueden crear prácticas habituales como la adicción al trabajo, las apuestas o las relaciones sexuales sin sentido.

Tienen buenas intenciones. Intentan lidiar con un individuo que se encuentra con dificultades, pero el cuidado termina siendo intrigante. Las personas mutuamente dependientes asumen regularmente el trabajo de un santo y se convierten en "partidarios" de una persona que no tiene suerte. Una esposa puede cubrir a su cónyuge alcohólico; una madre puede racionalizar un chiquillo faltante; o un padre puede "tirar algunas cuerdas" para proteger a su hijo de soportar los resultados de una conducta reprobable.

El problema es que estos esfuerzos de salvación renovados le permiten al individuo sin dinero seguir un curso peligroso y resultar cada vez más sujeto a la indeseable atención del "partidario". A medida que esta dependencia aumenta, la dependencia mutua genera un sentimiento de remuneración y satisfacción de "ser requerido". Cuando el cuidado termina siendo urgente, el mutuamente dependiente siente que no tiene opción y es el vulnerable en la relación, sin embargo, no puede separarse del ciclo de conducta que lo causa. Las personas mutuamente dependientes se ven a sí mismas como personas explotadas y se ven arrastradas a esa deficiencia equivalente en las relaciones de afecto y compañerismo.

Cualidades de la gente co-dependiente son:

- Un sentimiento de culpa al defenderse
- Mentira / inescrupulosidad
- Dificultad para decidir
- Una inclinación a confundir el amor y la piedad, con la propensión a "amar" a las personas que pueden compadecer y salvar
- Una desafortunada dependencia de las relaciones. El mutuamente dependiente efectivamente entrará en una relación; para mantener una distancia estratégica del sentimiento de rendición
- Problemas con la cercanía / límites
- Una necesidad escandalosa de endoso y reconocimiento
- Una necesidad convincente de controlar a los demás.
- Ausencia de confianza en uno mismo y en los demás.

- Un conocimiento mal representado de las expectativas de los demás para las actividades de los demás.
- Miedo de ser abandonado o estar solo
- Dificultad para identificar sentimientos
- Una inclinación a terminar herido cuando los individuos no perciben sus esfuerzos
- Naturaleza inquebrantable / dificultad para adaptarse al cambio
- Molestia incesante
- Una propensión a lograr más de lo que ofrecen, constantemente
- Correspondencias pobres

¿Cómo se trata la codependencia?

Dado que la codependencia generalmente se establece en la adolescencia de un individuo, el tratamiento incluye regularmente una investigación sobre los problemas de la juventud temprana y su relación con los estándares de conducta personal dañinos actuales. El tratamiento incorpora instrucción, reuniones experienciales y tratamiento individual y de recolección a través del cual las personas mutuamente dependientes se redescubren e identifican estándares de conducta imprudentes. Asimismo, el tratamiento se centra en ayudar a los pacientes a conectarse con los sentimientos que se han cubierto durante la adolescencia y en reproducir peculiaridades relacionales. El objetivo es permitirles encontrarse con todo su gama de sentimientos una vez más.

La fase inicial en el cambio de conducta indeseable es conseguirlo. Es importante que las personas mutuamente dependientes y sus familiares se enseñen a sí mismos sobre el curso y el ciclo de la adicción y cómo se extiende a sus relaciones. Bibliotecas, medicamentos, y énfasis en el tratamiento para el abuso del licor y el énfasis en el bienestar psicológico ofrecen con frecuencia materiales instructivos y proyectos a la gente en general.

Una gran cantidad de progreso y desarrollo es esencial para los mutuamente dependientes y su familia. Cualquier conducta de cuidado que permita o autorice el abuso para proceder en la familia debe ser percibida y detenida. Los mutuamente dependientes deben identificar y comprender sus sentimientos y necesidades. Esto puede incorporar el descubrir cómo decir "no", de manera amorosa pero asertiva, descubrir cómo actuar naturalmente dependiente. Las personas descubren la oportunidad, el amor y la tranquilidad en su recuperación.

La expectativa radica en descubrir más. Mientras más comprenda la codependencia, mejor podrá adaptarse a sus pertenencias. Relacionarse por información y ayuda puede permitirle continuar a alguien con una vida más satisfactoria y más beneficiosa.

Pruebas de codependencia

La codependencia puede significar cosas algo diferentes para diferentes individuos, pero básicamente, es el punto en el que un individuo está sacrificando más por su relación que el otro.

En las relaciones sentimentales, es el punto en el que un miembro de la pareja necesita consideración y ayuda mental excesiva, y con frecuencia esto se agrega a que estos tengan una enfermedad o una adicción que los hace considerablemente más dependientes.

Una pareja codependiente no será beneficiosa para ninguno de los dos. En su mayor parte, se reunirán a la luz del hecho de que cualquiera de ellos tiene un carácter disfuncional y, por regla general, se agravarán mutuamente.

Por ejemplo, las personas emparejadas con narcisistas terminarán dando y dando, pero rara vez es suficiente. Su compañero continuará moviendo los límites y haciendo peticiones irrazonables hasta que la desafortunada víctima esté totalmente agotada.

Es imperativo recordar que en una relación sana, se espera que dependa completamente de su pareja para obtener consuelo y respaldo. Sea como fuere, hay una armonía entre la capacidad de cada compañero sea autónomo y su capacidad de apreciar eñ apoyo común, y si esa paridad no está equilibrada, es cuando las cosas se confunden.

Nos acercamos a diferentes especialistas en relaciones para conocer los signos de que podría estar en una relación codependiente. Esto es lo que dijeron:

1. Necesitas 'arreglar' a tu pareja

Todo comienza como una fantasía, pero tu nueva pareja comienza a dar algunas indicaciones de prácticas indeseables. ¿Terminas haciendo cada uno de los sacrificios para ayudar a tu pareja? ¿Sueles perderte y necesitas el respaldo de tu pareja para estar completo? Las relaciones sanas se hacen cuando los dos miembros de la pareja comparten aprecio, confianza y son constantemente justos entre sí. Las personas codependientes , en general, serán personas complacientes, surgiendo de ayudar a otras personas (o a pesar de pensar que pueden 'arreglarlos'). Cuando pensar en otra persona te impide satisfacer tus propias necesidades o si tu autoestima depende de que te necesiten, puedes estar en la ruta hacia la forma codependiente.

2. Tienes que pedir aprobación

Si crees que necesitas regularmente aprobación o autorización para hacer una vida ordinaria fundamental, o si crees que no puedes conformarte con una elección básica sin ese individuo, eso podría ser una indicación temprana de una relación codependiente. Si entras en una relación con cúmulos de certezas sin embargo, después de algún tiempo, empiezas a cuestionarte a ti mismo, tu autoestima, y eres menos definitivo, tú podrías estar en una relación codependiente narcisista dañina. Si tú te has visto limitado por tu pareja o porque te piden ser el líder esencial en la relación, en ese momento cuando se separan, incluso podrías aceptar ahora y sentir que los necesitas.

Puede ser difícil aislarte racionalmente de esa perspectiva o incluso de la rutina de la relación, sin embargo, cuando puedes reparar y mejorar el amor propio, puedes comenzar a concentrarte más en tus necesidades y ser una versión superior de ti mismo.

3. Pierdes el contacto con compañeros o familiares

Creo que cuando comienzas a perder el contacto con las personas que son imprescindibles para ti, es una señal de que algo no está exactamente bien. Empiezas a ver que tu centro esencial es el otro individuo, pero hasta el punto en que realmente estás quedando con un grupo muy limitado de personas que ya eran importantes. Dicho esto, creo que es completamente normal cuando las personas comienzan a mirar con los ojos estrellados, para que cualquier otra persona se sienta fuera de lugar. En cualquier caso, cuando continúa durante algún tiempo, es una señal notable de que te estás liberando de los problemas en tu vida que te mantienen constante y te mantienen en la pista en la que has estado.

Creo que deberíamos ser extremadamente conscientes de eso debido a que, de lo contrario, nos volveremos codependientes cada vez más de nuestras parejas, en ese momento, si eliges que no son beneficiosos para ti, miras a tu alrededor y no hay compañeros ni actividades de ocio, y el mundo se ha convertido en esta pareja que has elegido actualmente no está bien. En cualquier caso, al abandonar en este momento a esa pareja, estás sacrificando la relación, así como la vida, ya que no tienes nada más.

4. Estás continuamente buscando consuelo

¿Cómo sabrías si tu relación es codependiente? Hazte estas preguntas:

• ¿Ambos racionalizan conductas horribles o maleducadas en los demás, o mantener una distancia estratégica de las discusiones directas sobre el estado de la relación?

• ¿Tú o su pareja se caracterizan a sí mismos por la relación? ¿Experimentas problemas al estar separado de todos los demás?

• ¿Estás tú o tu pareja constantemente estresado sobre que el otro cortará la relación?

• ¿Tú o tu pareja coquetean con personas ajenas a la relación para hacer que el otro se encele, o toman medidas para irse y asegurarse de que se le puede pedir que te quedes?

- ¿Ambos necesitan una confirmación constante de que son apreciados?

- ¿Hay mucha tensión o poder en tu relación, y ambos aprecian sutilmente el 'espectáculo' de sucesivas separaciones y reconciliaciones?

- ¿Tú o tu pareja piensan en pequeñas pruebas para obtener la consideración del otro?

5. Pierdes todos tus límites

Un método para distinguir a un individuo codependiente es si ella es una proveedora excesiva. Generalmente se siente en exceso a cargo de alguien o piensa en alguien. Realmente siente que necesita continuar dando y dando, y sobre-compensando. Estas mujeres pueden ser extremadamente sólidas, pero el problema es que no manejan el requerimiento de los límiotes. Los límites son completamente útiles para las personas que le importan, pero en el corazón de una persona codependiente, "límites" es una palabra sucia. Piensan que 'en el momento en que me preocupo por ti, elimino todos mis límites. Dejo que me ignores, ya que confío en que tienes una historia, por lo que aclaro demasiado cada cosa para ti. Como tal, le das más confianza a su historia que a la tuya. Debes tener límites firmes, ya que cuando no los tienes, o no los tienes en cuenta, caes en la trampa codependiente.

6. Tú no siente que tiene su propia vida libre

En cualquier relación, es imprescindible establecer un vínculo con tu pareja, pero además, mantener tu propia vida. Preferirías no depender tanto de otra persona que pierda su identidad o esa sustancia que te hace extraordinario. ¿Cómo mantendrás los dos lados de ti mismo? Programa citas nocturnas y tardes con amigos o solo para relajarte. En el inicio de una relación, no es innegable valor en no estar constantemente juntos y permitirse extrañarse entre sí. Además, cuando tú estás haciendo cosas solo, te conviertes en un individuo más intrigante y equilibrado. De esta manera, una pareja superior para cualquiera.

7. Empiezas a llenar los agujeros

La principal indicación de codependencia que se arrastra a una relación incluirá a un individuo que comienza a asumir la responsabilidad de permanecer en contacto e inteactuar. A medida que una pareja retrocede en cuanto a la cantidad de tiempo, esfuerzo y cuidado que está brindando, el otro compañero llena el agujero intuitivamente trabajando más duro para mantenerse fortalecido. Cuando esto ocurre, la relación ha cambiado de forma indeseable hacia la codependencia.

8. Tu pareja tiene propensiones desafortunadas.

Una indicación temprana de una relación codependiente (utilizando el significado principal de un "agente de empoderamiento") es el punto en el que un individuo más de una vez participa en una conducta desafortunada, por ejemplo, beber de manera constante hasta que salgan o comer hasta se siente derrotado, y el otro individuo los acompaña, a pesar del hecho de que el individuo realmente prefiere no beber o comer vorazmente, o los apoya por sus propios motivos.

Si respondiste 'Sí' incluso a un par de estas puntos, es probable que tengas una relación codependiente.

Capítulo 2 - Revisitando tu pasado

Familias disfuncionales

La expresión "familia disfuncional", cuando se utiliza claramente por los expertos, ha resultado ser un vocablo predominante en Estados Unidos, donde las familias disfuncionales son el estándar debido a las cualidades sociales, una velocidad de separación de alta y adicciones amplias – por medicamentos prescritos por médicos para ejercitar, trabajar y e ir de compras.

Una familia sana es un lugar de refugio, una posición de apoyo y sustento, que tiene un comportamiento de receptividad, inmediatez y vivacidad, y toma en consideración la oportunidad de articulación. Puede haber contenciones y articulaciones poco frecuentes de molestia, pero la armonía regresa y las personas se sienten apreciadas y consideradas. Funciona fácilmente como una organización bien administrada. Los funcionarios -los guardianes - elaboran y coinciden con principios que son confiables y sensatos.

Jack Welch, el anterior CEO de General Electric, cambió una organización que tenía una actitud centrada en lo interno, cerrada, una administración inepta y trabajadores poco comunicativos. Él entendió la importancia de hacer que cada representante se sintiera como un miembro estimado cuya voz marcaba la diferencia y se enorgullecía de tener una estrategia de "entrada abierta" que apoyaba la oportunidad de articulación. Welch democratizó la organización, dando a muchos trabajadores oportunidades estándar para desafiar a sus gerentes y ofrecer sus ideas en liderazgo básico. Este estilo de fortalecimiento surgió en la ejecución inundada y el cumplimiento representativo. Se sentían parte de un grupo y su voz marcaba la diferencia. Despreciaba el misterio y la negativa, y necesitaba que los problemas se confrontaran y desentrañaran.

Necesitaba representantes que fueran intelectuales libres y sinceros sobre sus pensamientos y convicciones, a pesar de ser incómodo - cuando "pudiera doler". Los empleados recibieron información directa, positiva y negativa, y así evaluaron a sus gerentes. Él resolvió las discusiones y el entrenamiento del pensamiento crítico. GE era un modelo de un marco abierto por todas partes. Buscó nuevos pensamientos en todo el mundo de diferentes organizaciones y compartió el aprendizaje que aprendió, lo que impulsó a sus proveedores.

Obviamente, una familia no tiene la capacidad de impulsar la generación y el beneficio, sin embargo, puede observar de inmediato que los pensamientos de transparencia, correspondencia directa y populismo de Welch aumentan la confianza de los trabajadores, lo que ocurre en familias sólidas. En las familias disfuncionales, los individuos tienen menos confianza y, en general, serán codependientes. A continuación se muestra una parte de los efectos secundarios, aunque no todos son importantes para crear rupturas.

1. No convencionalismos. Las personas tienen una sensación de seguridad cuando la vida familiar no está llena de sorpresas. Si los niños nunca reconocen en qué estado mental estarán mamá o papá, no pueden estar sin restricciones y están constantemente nerviosos. Mucho más atroz es el caos, donde la familia se encuentra en una emergencia constante, con frecuencia debido a adicciones, enfermedades psicológicas o abuso sexual, físico o psicológico. En lugar de un espacio de refugio, la familia se convierte en un área de combate para escaparse. Los niños pueden crear quejas sustanciales, similares a dolores de cabeza y dolores de estómago.

2. Afirmación e inconsistencia. Lo que es más lamentable que los estándares inflexibles son pautas auto-afirmativas y conflictivas. Los niños nunca saben cuándo serán rechazados. Las normas que no se pueden cumplir son injustas. Esto es despiadado

y genera impotencia aprendida y ferocidad que nunca se puede comunicar. Los jóvenes están en constante temor, pisotean ligeramente y se sienten miserables y enojados por el capricho y la injusticia. Su sentimiento de valía y nobleza no se tiene en cuenta. Pierden respeto y confianza en sus amigos y especialistas en general. Como se ven obligados a dar su consentimiento, algunos continúan con conductas desafiantes o reprobadas, al salir mal en la escuela o al usar drogas.

3. Perspectivas privilegiadas. Algunos años de información privilegiada se guardan durante siglos sobre una desgracia familiar, independientemente de si la adicción, el salvajismo, el crimen, los problemas sexuales o la inestabilidad psicológica. Los jóvenes sienten la desgracia, a pesar de que no tienen idea del problema.

4. Impotencia para resolver problemas. Resolver problemas y conflictos es vital para una relación sin problemas. Sea como fuere, en familias disfuncionales, los jóvenes y los tutores son acusados más de una vez de algo muy similar y hay peleas constantes o divisores silenciosos de odio. Nada se arregla.

Por el contrario, las familias sólidas están protegidas a la luz del hecho de que la auto-articulación abierta se energiza sin juicio ni represalia. El amor se indica en palabras, sin embargo, en una conducta empática, sostenida y fuerte. Cada miembro, hasta el más joven, es tratado como una parte estimada y considerada. Se permite la participación, y hay una sensación de uniformidad, independientemente de si los tutores tienen el último voto. Los guardianes actúan con atención y están comprometidos con sus responsabilidades y consideran a los niños responsables de las suyas. Corrigen y rechazan los problemas, sin embargo, no acusan a sus hijos ni atacan a su personaje. Los deslices están permitidos y justificados, y los guardianes reconocen sus propias deficiencias. Energizan y guían a sus hijos y consideran su protección y sus límites físicos y afectivos. Estos acuerdos crean seguridad, confianza y honestidad.

5. Comunicación disfuncional. Esto puede tomar numerosas estructuras, desde la falta de correspondencia a la interacción hasta el abuso verbal. Hablar no es equivalente a la correspondencia utilitaria, que incluye sintonía, aprecio, decisión y comprensión. En familias disfuncionales, la interacción no es segura ni abierta. Las personas no sintonizan y prevalece el abuso verbal. Los niños son reacios a expresar sus ideas y emociones, y con frecuencia son acusados, deshonrados o castigados por su auto-articulación. Se les aconseja legítimamente o de forma indirecta que no sientan lo que sienten y podrían ser nombrados marica, terrible, idiota, apática o infantil. Aprenden a no analizar a sus padres y a no confiar en sus observaciones y emociones.

6. Negación. Renuncia (Foreswearing) es un enfoque para pasar por alto o imaginar que no existe una realidad tolerable. Los terapeutas intentan actuar de manera típica en medio de problemas familiares y emergencias, por ejemplo, la ausencia, enfermedad o adicción al licor de un padre. Nunca se discute, ni se enfoca el tema. Esto hace que los niños cuestionen sus observaciones y comuniquen algo específico que no pueden discutir sobre algo extraño y sorprendente, incluso entre ellos.

7. Reglas inflexibles. En ciertas familias donde existe un comportamiento físico o disfuncional, los guardianes son excesivamente negligentes o poco confiables, los jóvenes necesitan dirección y no tienen un sentido de seguridad y reflexión. En general, sea como sea, existen estándares prohibitivos y subjetivos. Muchos son implícitos. No hay espacio para confusiones. Algunos tutores asumen el control sobre las elecciones que los niños deben tomar y controlan sus intereses, cursos escolares, compañeros y vestimenta. La autonomía normal es vista

como traición y abandono. Prohíben discutir cosas consideradas indecorosas, por ejemplo, el sexo, la muerte, el holocausto, la discapacidad del abuelo o que el padre se haya ausentado anteriormente. Algunas familias tienen pautas que limitan la declaración de resentimiento, abundancia o llanto. En el momento en que los sentimientos no se pueden comunicar, los jóvenes aprenden a moderarse y se convierten en adultos excesivamente controlados, lo que se suma a la poca confianza.

8. Confusión laboral. Esto sucede cuando un padre está mental o físicamente ausente o no es confiable y un niño asume los deberes de los padres o se convierte en un amigo o compinche del otro padre. Esta es habitualmente la situación después de una separación, pero también ocurre en familias sin defectos donde los guardianes necesitan cercanía. Esto es inadecuado para la edad y daña mentalmente al niño, que ahora debe actuar como un adulto, someter sus necesidades y sentimientos, y puede sentir que el individuo está traicionando al otro padre.

9. Un sistema cerrado. Una familia cerrada no permitirá que se hable de planes diferentes o nuevos entre individuos o con extraños. A las personas no se les permite hablar de la familia con otras personas, y probablemente no permitirán visitantes de otra raza o religión. Algunas familias están aisladas y no se comunican con la sociedad. Otros lo hacen, sin embargo, las apariencias lo son todo, y la realidad con respecto a la familia no se comparte. En la base están los temores de pensamientos únicos y la desgracia.

Hoy en día, las organizaciones, las familias juveniles y los países se están volviendo cada vez más abiertos y populistas, una señal segura de lo que vendrá.

Adicción

La codependencia es una condición en la que las personas se esfuerzan y aceptan que si controlan individuos, puntos de vista y circunstancias, pueden inferir un sentimiento de autoestima. Después de una adicción, se necesita lidiar con los necesidades y los problemas de otra persona. A decir verdad, una gran cantidad de las personas con las que he trabajado que están en este tipo de relaciones codependientes terminan asumiendo, en general, lo que puede describirse como indicadores ejemplares de adicción. Una parte de los problemas que muestran incluyen:

- Cambios en el estilo de vida
- Episodios neuróticos o nerviosos sin razón aparente.
- Cambios como parte de su carácter según lo anunciado por sus seres queridos
- Falta de voluntad o letargo.

A raíz de la decisión de que un individuo está consumiendo sustancias, por ejemplo, licor o medicamentos, y descubriendo que sus efectos secundarios no son indicios de otros problemas de bienestar psicológicos o del ánimo, descubro que lo que están encontrando es, a decir verdad, adicción constante, dinámica y reincidente. En realidad, muchos de los que están en relaciones codependientes básicamente dependían de las personas con las que están saliendo.

Sentimientos negativos

En este punto, muchos piensan que es difícil "dejar" la relación, al igual que un individuo adicto a las experiencias con la bebida dejar de beber licor. La "adicción a las relaciones" controla la capacidad de un individuo para justificar y establecer decisiones sólidas para más ventajas a su favor. Sus vidas terminan siendo afectadas de manera negativa porque dependen demasiado de otra persona para recibir apoyo emocional.

Cuatro pasos clave para la recuperación de la codependencia

Encontrar un especialista que lo haga sentir bien y seguro es un lugar increíble para comenzar para cualquier persona que desee cambiar los problemas de codependencia. Al superar los problemas de codependencia, ten en cuenta lo siguiente:

Crear información sobre lo se asemeja a relación sana: Nunca espero que un individuo que admita y tolere la parte de la adicción de la codependencia requiera bastante energía, y puesto que es una condición de reincidencia, instando a las personas a seguir alejándose de su recuperación cada día , a su vez, es básico para su prosperidad y posible recuperación. Experimentar la codependencia tiene una comprensión decente de lo que se asemeja a una relación sólida. Un aspecto de mis responsabilidades es ayudar a las personas a comprender lo que les espera en una relación sana.

La recuperación de la codependencia es un procedimiento: muchas personas que lo experimentan han estado ensayando aptitudes de relación disfuncionales durante la mayor parte de sus vidas. Conceder y tolerar el segmento de adicción de la codependencia requiere una cierta inversión, y dado que es una condición reincidente, instar a las personas a que continúen tratando de recuperarse cada día es básico para su prosperidad y posible recuperación.

Desarrollar un sentimiento sano de auto-identidad: al igual que numerosas personas que viven con adicciones, numerosas personas que son codependientes batallan con cuál es su identidad y cuál es su motivación. Cada cierto tiempo, ellos son conscientes y sensatos a su charla identidad interna, y de vez en cuando, no tienen idea de lo que les gusta o lo que no les importa.

Construcción de límites: uno de los avances más importantes para dominar en el viaje de recuperación de la codependencia es descubrir cómo construir límites emocionals adecuados. Ayudar al individuo con codependencia a descubrir que la persona en cuestión no tiene control sobre los demás es un avance crítico en la creación de relaciones sanas.

Aprender la auto-aprobación: Las personas con codependencia regularmente tienen un concepto dudoso de sí mismas, por lo que guiar a un individuo a descubrir cómo soportar sentimientos incómodos, dejar de lado ejemplos inútiles de conducta y practicar la auto-aprobación ayudará durante el tiempo dedicado a construir la confianza .

Se ha aludido a la codependencia como "adicción a la relación" o "adicción al amor". El énfasis en los demás aligera nuestro tormento y el vacío interno, sin embargo, al ignorarnos a nosotros mismos, este simplemente se desarrolla. Esta propensión se convierte en un marco redondo y autosustentable que adquiere su propia vida. Nuestro razonamiento termina siendo exagerado, y nuestra conducta puede ser habitual, a pesar de los resultados desfavorables. Los modelos pueden llamar a una pareja o expareja que nos damos cuenta que no deberíamos, poniéndonos en peligro o nuestras cualidades en peligro para adaptarse a alguien, o explorando por deseo o temor. Esta es la razón por la que se ha aludido a la codependencia como una adicción. En 1956, se determinó que la adicción era una enfermedad y, en 2013 , también calificó la obesidad como una enfermedad. Una inspiración principal en los dos casos fue desdibujar estas condiciones y potenciar el tratamiento.

¿Es la codependencia una enfermedad?

En 1988, los terapeutas recomendaron que la codependencia fuera una enfermedad considerando el procedimiento adictivo. Un terapeuta y especialista en medicina internista, Charles Whitfield, describió la codependencia como una dolencia interminable y dinámica de la "pérdida del yo" con efectos secundarios inconfundibles y tratables, simplemente como la dependencia de sustancias.

La codependencia también se representa por manifestaciones que cambian en un proceso continuo como los relacionados con el uso crónico de drogas. Van de leves a crónicos e involucran sumisión, renuncia, reacciones emocionales disfuncionales, anhelo y remuneración (a través de la conexión con otra persona) y la falta de control o abandono a conductas urgentes sin tratamiento. Tú inviertes cada vez más energía contemplando, estando e intentando controlar a otra persona, de igual manera que un drogadicto con un medicamento. Otros ejercicios sociales, recreativos o laborales perduran en consecuencia. A la larga, puedes continuar con tu conducta y la relación, a pesar de los problemas sociales o relacionales crueles o repetitivos que genera.

Fases de codependencia

La codependencia es constante con los efectos secundarios que se sufren, que además son dinámicos, lo que implica que se intensifican después de un tiempo sin intervención y tratamiento. Como lo vería, la codependencia comienza en la juventud debido a una condición familiar disfuncional. En cualquier caso, los jóvenes suelen ser dependientes; que no puede ser analizada hasta la edad adulta, y en su mayor parte, comienza a manifestarse en las relaciones cercanas. Hay tres etapas identificables que provocan una mayor dependencia en el individuo o la relación y se compara la pérdida del ego y el autoayuda.

Período de inicio

El período inicial puede parecerse a cualquier relación sentimental con una mayor consideración y dependencia de su pareja y deseo de satisfacer a la persona en cuestión. Sea como fuere, con codependencia, podemos terminar obsesionados con el individuo, negar o defender conductas riesgosas, cuestionar nuestros discernimientos, descuidar el mantenimiento de límites sanos y entregar a nuestras propias amistades y prácticas.

Etapa central

Poco a poco, se requiere un mayor esfuerzo para limitar las partes insoportables de la relación, y se establecen la intranquilidad, la culpa y la autoacusación. Después de un tiempo, nuestra confianza disminuye a medida que negociamos una mayor cantidad de nosotros mismos para mantener la relación. Se desarrollan la indignación, insatisfacción y odio. Luego potenciamos o intentamos cambiar a nuestra pareja a través de la consistencia, el control, ataques o la acusación. Podemos ocultar problemas y alejarnos de familiares y compañeros. Posiblemente puede haber abuso o violencia, sin embargo, nuestro estado de ánimo disminuye, y la fijación, la sumisión y las peleas, el retraimiento o la consistencia aumentan. Podemos asumir otras prácticas adictivas para adaptarnos, por ejemplo, comer menos comida chatarra, comprar, trabajar o abusar de las sustancias.

Etapa tardía

Actualmente, los efectos secundarios anímicos y sociales comienzan a influir en nuestro bienestar. Podemos experimentar presión relacionada con algunos padecimientos, por ejemplo, problemas relacionados con el estómago e insomnio, migrañas, tensión muscular o dolores, problemas alimenticios, síndrome de la articulación temporomandibular (ATM), sensibilidades, ciática, y enfermedad coronaria. La conducta impulsiva exagerada o las diferentes adicciones aumentan, al igual que la ausencia de confianza y autoestima. Se desarrollan sentimientos de tristeza, indignación, tristeza y miseria.

Recuperación

Afortunadamente, los indicadores son reversibles cuando un codependiente ingresa al tratamiento. Las personas no buscan ayuda hasta que hay una emergencia o están en suficiente agonía para persuadirlos. Por lo general, no son conscientes de su codependencia y también pueden ignorar deliberadamente el abuso y la adicción de otra persona. La recuperación comienza con la educación y dejando la negación. Instruirse acerca de la codependencia es un comienzo conveniente, sin embargo, un cambio más prominente ocurre a través del tratamiento e ir a un programa de Doce Pasos.

En la recuperación, aumenta la confianza y el centro cambia del otro individuo hacia ti mismo. Hay fases de recuperación temprana, media y tardía que son paralelas a la recuperación de diferentes adicciones. En la fase central, comienzas a crear tu propio carácter, confianza y la capacidad de expresar con decisión tus sentimientos, necesidades y deseos. Aprendes obligación, límites y cuidado personal. La psicoterapia frecuentemente incorpora tratamiento para el trastorno por estrés postraumático y la abuso juvenil.

En la etapa final, la alegría y la confianza no dependen de los demás. Impones límites con respecto a la autosuficiencia y la intimidad. Experimentas tu propia capacidad y auto - estima. Te sientes libre y nuevo, con la capacidad de producir y buscar tus propios objetivos.

La codependencia no desaparece en consecuencia cuando un individuo abandona una relación codependiente. La recuperación requiere un apoyo progresivo y no existe una método único. En cualquier caso, la conducta codependiente puede, sin mucho esfuerzo, regresar bajo presión o si entra en una relación disfuncional. La baja autoestima es un efecto secundario de la codependencia. No hay nada como la recuperación perfecta. Los efectos secundarios repetitivos simplemente presentan inicios de aprendizaje continuo.

Abuso

Las relaciones entre individuos son sólidas cuando están interconectadas. En una relación interconectada, cada individuo tiene sus propias necesidades atendidas y se esfuerza por abordar los problemas del otro individuo. Sin embargo, ocurre un problema cuando las relaciones están interconectadas, pero son codependientes.

En relaciones codependientes, que las necesidades de un individuo sea llenado por el otro es indeseable o inadecuado. Una de las situaciones más frecuentes de codependencia es un bebedor empedernido que recibe habitualmente alcohol de la otra persona en la relación, a pesar de que el alcohólico puede resultar verbal o físicamente abusivo cuando está ebrio. La duda en ese punto tiene que ver con ese comportamiento: "¿Por qué razón esa persona obligaría e incluso ayudaría a tal conducta?" La respuesta apropiada es la codependencia y, con frecuencia, la razón es el abuso psicológico.

Los genuinamente abusados terminan en relaciones codependientes a la luz de un deseo de ser amado, independientemente de si lo que tienes que hacer es dar la siguiente bebida. Además, a pesar del hecho de que una relación es codependiente, en cualquier caso, es necesitada en algún sentido. El abuso psicológico con frecuencia asusta a la víctima. No se sienten merecedores de ser amados por sí mismos. En una relación codependiente, su valor se caracteriza efectivamente. Se les reclama regularmente que critican a ese individuo, particularmente cuando le están dando lo que ese individuo necesita. Para sentirse estimado, incluso dependiendo de una conducta indigna o destructiva, el individuo que ha sido realmente abusado entrará o continuará en una relación codependiente desafortunada.

El abuso psicológico tiene éxito cuando el abusador puede suplantar su propia autoridad sobre ti con su control. Nunca más confías en ti mismo, sino que permites que el abusador tenga un impacto indebido sobre tus pensamientos y actividades. El abusador progresa para convertirse, en general, en una parte de ti, controlándote y cómo te ves a ti mismo y a tu realidad. El límite entre el lugar donde comienza y termina el abusador es incierto.

En las relaciones resultantes, puede terminar abandonándote totalmente al siguiente individuo, sumergiéndote completamente en el carácter del otro individuo, tolerando su perspectiva sobre el mundo y sobre ti. Lamentablemente, puedes buscar a alguien que sea dominante y que controlador con quién establezca una relación. Las actividades en esta nueva relación encajarán como en un ejemplo anterior.

Por otra parte, puedes ser increíblemente sensible a cualquier cosa que piense que parezca remotamente similar al control. Puede ser difícil para ti mantener relaciones cercanas, debido a que tener cercanía puede desencadenar una reacción extraordinariamente delicada de tu parte. Además, es posible que seas excepcionalmente suspicaz de cualquier persona que intente familiarizarse contigo de manera profunda e individual. Puedes establecer límites para mantener a las personas alejadas.

A largo plazo, simplemente existe el peligro de terminar muy atascado. Si tu experiencia ha sido consistentemente que lo que hiciste o no hiciste trajo consecuencias rápida e importantes, es posible que hayas razonado que el mundo realmente gira a tu alrededor. Es posible que hayas acumulado una propensión a analizar todo lo que ocurre a tu alrededor a medida que se identifica contigo.

Mientras estas estrategias te ayudaron a soportar el abuso hacia ti, te han dejado mal preparado para trabajar dentro de relaciones sanas y positivas. Esforzarte por sumergirte totalmente en una relación sólida puede hacerte parecer posesivo e intenso o asfixiarte con tu pareja. Por otra parte, problemas con la intimidad y una actitud distante en general pueden impedir que otras personas intenten relacionarse contigo. Además, ser increíblemente autocontrolado prácticamente descarta que los demás se fijen en ti.

Si no tienes idea de qué es una relación codependiente, es cuando dos personas en una relación renuncian a su libertad y construyen una relación indeseable para ambos. En este contexto, un miembro de la pareja está tan obsesionado con los deseos del otro que pasa por alto sus propias necesidades. Por lo tanto, el otro miembro controla la relación de una manera egoísta y regularmente perjudicial.

Esta es una dinámica peligrosa, pero no es tan fácil de identificar como sospecha. Si bien en las relaciones codependientes puede haber abuso físico, todas tienen abuso mental y emocional. Este tipo de abuso suele ser muy difícil de identificar. Gradualmente se arrastra a la relación y se convierte en un ejemplo de conducta que el codependiente no puede cambiar.

Las causas del abuso psicológico en una relación pueden comenzar de repente o pueden desarrollarse lentamente. Habitualmente, lo que ve la pareja codependiente como una pareja apasionada y atenta es realmente un controlador, un acosador, y una persona que está separando y nutriendo de los necesidades de la codependencia.

Los efectos y el impacto del abuso emocional, mental y verbal

Los diferentes rasgos que todos tenemos afectan a las personas que nos rodean de diferentes maneras y es importante comprender el impacto que tienen en las relaciones.

Dado que los codependientes temen ser separados de todos los demás y obtener mucha de su identidad de sus relaciones con su pareja , tienen problemas para decir no o defenderse a sí mismos cuando comienzan a experimentar el abuso. Decir que no con frecuencia provoca un progresivo abuso verbal, aislamiento y peligros de abandono, todos los problemas que en realidad es lo que el codependiente intenta evitar.

Esto crea una situación en la que el individuo narcisista se aprovecha del que es codependiente y no pueden prescindir el uno del otro.

Es fundamental comprender que, al igual que el abuso físico, el abuso emocional, mental y verbal es un comportamiento intencional del abusador. El narcisista utiliza esta conducta para obtener lo que quiere, destruyendo a propósito la confianza, la autoestima y la capacidad del otro individuo para cuidar de sí mismo.

Descubrir el gaslighting

Otro tipo regular de abuso emocional y verbal es el llamado gaslighting (juegos mentales). Definitivamente, esta no es otra enfermedad sin embargo, se identificó y nombró recientemente como una conducta utilizada por las personas que participan en el abuso psicológico.

El gaslighting es más difícil de distinguir y más perjudicial que algunos tipos diferentes de abuso psicológico. En este tipo de abuso, el abusador controla al codependiente al proporcionar datos falsos o recuerdos falsos que llevan al codependiente a comenzar a examinar su salud mental y su capacidad para revisar y recordar cosas de manera efectiva.

A veces, el gaslighting es la utilización de la negación de que ocurrieran cosas. Esto no solo tiene que ver con evaluar la memoria. Es maligno, premeditado y tiene la intención de generar culpa, vulnerabilidad e incertidumbre en tu cerebro.

Hay algunas señales regulares de que hay gaslighting en la relación. Para ayudar a identificar esta conducta, busca lo siguiente:

Dar datos falsos: para justificar una mentira, un abusador que brinde información falsa desmentirá a otras personas. Por ejemplo, un hombre puede decirle a una dama que estaba jugando con alguien en una reunión, y todos lo vieron que estaba discutiendo. Puede hacer tergiversaciones sobre lo que otros dijeron y cómo vieron la conducta.

Conducta encubierta: si tu pareja fue atrapado en una mentira, con frecuencia utilizará esfuerzos engañosos para aclarar el problema. En cualquier caso, las mentiras se vuelven a contar una y otra vez, y pueden ser observaciones claramente incorrectas de lo que ha sucedido. Simultáneamente, el codependiente probablemente no va a desafiar la mentira, y continúa siendo reafirmado hasta que sea difícil para el codependiente comprobar los detalles de la circunstancia.

Como el gaslighting puede ser difíciles de reconocer, conversar con un asesor y crear un grupo de personas sólido y alentador será básico para evadir más daños a su confianza.

Enfermedades

Una de las partes más difíciles de la vida es formar vínculos y relaciones sanos con otros. Con frecuencia, las personas ha sufrido traumas que producen una lealtades insanas hacia otros. Esto implica que las desafortunadas víctimas tienen relaciones disfuncionales específicas que ocurren acompañados de peligro, desgracia o abuso.

En estas relaciones, un individuo puede encontrar más abuso, autolesiones, fijación, celos y otras secuelas negativas de la relación. Otro efecto normal y posterior de la adicción y los ambientes disfuncionales es la codependencia. La codependencia alude a un tipo de relación disfuncional en la que un individuo potencia la adicción de otra persona, un pobre bienestar emocional, la adolescencia, la falta de confianza o el bajo rendimiento.

La codependencia puede ser un problema difícil de tratar durante el tratamiento, ya que puede convertirse en una adicción irreconocible. Con frecuencia, uno termina tan involucrado en la relación y el vínculo que formaron con otro que regularmente no se ve que su vínculo es indeseable. Un individuo no puede controlar su relación con otra persona a la que no le importa la infidelidad, las peleas o el abuso. El individuo que tiene un problema de codependencia está cada vez más centrado en el abusador. Para sanar e identificar las consecuencias, un individuo debe ser capaz y estar dispuesto a aceptar cómo su conducta habitual solo contribuye en la formación de relaciones dañinas y de esta manera debe romper la compulsión.

La codependencia, una vez más, se concentra más en la adicción. La tenencia de lesiones y la codependencia posiblemente se encuentren cuando la persona adicta es también con problemas con la ley. El individuo que en general será codependiente probablemente estuvo involucrado con algún tipo de adicción a través de parientes, parejas, etc. En este sentido, el individuo es activado por otras personas que tienen adicción. Además, la codependencia no es "aterradora", pero cada vez más se trata de pensar en las necesidades de los demás en lugar de las propias. En el tratamiento de la codependencia, es importante que el individuo sea cada vez más consciente de sí mismo, de su razonabilidad y de que le permita tomar cuidado de sus vidas.

Al tratar a los demás, es esencial percibir la diferencia entre tener una enfermedad y la codependencia. Conformar una relación es difícil por derecho propio, sin embargo, cuando se incluyen enfermedades, infidelidades, estrés, adicción, abuso y ausencia de amor propio, las relaciones pueden resultar muy desafortunadas y hay necesidad de intervenciones. Tanto tener enfermedades o condiciones como la codependencia pueden causar resultados indeseables. Es imperativo permitir que el individuo identifique si una relación ha resultado ser adictiva o si debe separarse afectuosamente y cuidarse a sí misma. Con frecuencia, esto se puede lograr rompiendo las relaciones con un especialista y descubriendo cómo definir los límites y darse por vencido. Dado que con el abandono y el reconocimiento de cómo romper las relaciones indeseables, un individuo desarrolla su sentimiento real de sí mismo y su capacidad para crear relaciones confiables y sólidas.

"En una guerra, los guerreros se ven obligados a negar sus sentimientos para resistir. Esta negación emocional intenta permitir que el guerrero soporte la guerra, pero más tarde puede tener resultados retroactivos. El recuerdo restaurativo ahora ha percibido el trauma y el daño que esto causa. La negación emocional puede causar, y se ha instituido un término para representar los impactos de este tipo de trastorno. Ese término es "Síndrome de estrés pospuesto".

En una guerra, los combatientes necesitan negar lo que se siente ver a compañeros ejecutados y heridos; lo que se siente al asesinar a otras personas y ver que se esfuercen por matarte. Hay trastornos provocados por tales ocasiones. Hay trastornos debido a la necesidad de evitar que el efecto emocional de recordar esos hechos. Hay un trastorno por los impactos que la negación emocional tiene en la vida del individuo después de que él / ella ha regresado de la guerra a la luz del hecho de que mientras el individuo niegue su herida emocional, él / ella está excluyendo una parte reclamándose a sí mismo.

La presión provocada por el daño y el impacto de negar lo, al negarse a sí mismo, al final aflora de maneras que producen nuevos trastornos: desasosiego, abuso de licor y medicamentos, pesadillas, ira descontrolada, falta de atención en las relaciones, impotencia para mantener empleos, suicidio, etc.

La codependencia es un tipo de síndrome de estrés tardío.

En lugar de heridas y muerte (aunque algunos experimentan heridas y muertes en realidad), lo que nos sucedió como jóvenes fue el daño emocional, el tormento mental y el abuso físico. Tuvimos que crecer evitando que la verdad revelara lo que sucedía en nuestros hogares. Tuvimos que negar nuestros sentimientos sobre lo que estábamos percibiendo, viendo y detectando. Tuvimos que negarnos a nosotros mismos.

Crecimos negando la realidad emocional: abuso de alcohol parental, adicción, comportamiento disfuncional, rabia, crueldad, miseria, abandono, doble vida, dificultades, desprecio, endogamia, etc., etc. de nuestros parientes luchando o la presión familiar y la indignación ya que no estaban siendo lo suficientemente fuertes para luchar; desde la desatención del padre debido a su adicción al trabajo, así como a la madre que nos cubre, ya que no tenía otra personalidad que ser madre; del abuso que uno de los padres acumuló en el otro que no se protegería a sí mismo y, además, el abuso que recibimos de una de nuestros padres mientras que el otro no nos protegería; de tener solo uno de los padres o de tener dos guardianes que permanecieron juntos y no deberían haberlo hecho; y así sucesivamente.

Crecimos con mensajes como: los niños deben ser vistos y no escuchados; los machos no lloran y las damas no hacen escandalo; no está bien resentir a alguien que adoras, particularmente a tu familia; Dios te ama, sin embargo, siempre te enviará a quemarte en el fuego del infierno si tocas tus partes privadas; no hagas líos, ni corras, ni seas un joven típico; no cometas errores, ni haga nada incorrectamente; y así sucesivamente.

Nos introdujeron naturalmente en el centro de una guerra donde nuestro sentimiento de identidad fue maltratado, agrietado y roto en pedazos. Experimentamos la infancia en zonas de guerra donde nuestras presencias eran limitadas, nuestras ideas refutadas y nuestros sentimientos pasados por alto y anulados.

La guerra a la que nos presentaron naturalmente, la primera línea en la que vivimos todos en la infancia, no fue en una nación externa contra un "enemigo" identificado, sino en los "hogares" que deberían ser nuestro lugar de refugio con nuestra familia a quien amamos y quien confiamos nos cuidarían. No fue por un año o unos pocos, fue por dieciséis o diecisiete o dieciocho años.

Encontramos lo que se clasifica como "lesión por asilo", lo que debía ser nuestro lugar más seguro no nos daba protección, y lo encontramos una vez al día durante mucho tiempo. El daño absoluto más notable se nos hizo de manera discreta regularmente con el argumento de que nuestro refugio era una zona de guerra.

Era todo menos una línea de frente a pesar del hecho de que nuestra familia estaba actuando mal o era horrible: era una zona de guerra ya que estaban en guerra por dentro, con el argumento de que se les llevó naturalmente a la mitad de una guerra. Al sanar, nos estamos convirtiendo en buenos ejemplos de que nuestra familia nunca tuvo la oportunidad de ser. Al estar en Recuperación estamos rompiendo los ciclos de conducta inadecuados que han llevado los seres humanos por un gran número de años.

La codependencia es un tipo horrible y extraordinario de síndrome de estrés retrasado. El daño de sentir que no estábamos protegidos en nuestros propios hogares hace que sea excepcionalmente difícil sentir que estamos protegidos en cualquier lugar. Tener una inclinación de que no éramos amados por nuestra propia familia hace que sea difícil aceptar que alguien pueda amarnos.

La codependencia es estar en guerra con nosotros mismos, lo que hace que sea difícil confiar y amarnos a nosotros mismos. La codependencia impide que nos veamos a nosotros mismos, por lo que no tenemos la menor idea de cuál es nuestra identidad.

La recuperación de la enfermedad de la codependencia incluye detener la guerra interior para que podamos conectarnos con nuestro verdadero yo, para que podamos comenzar a amar y confiar en nosotros mismos".

Capítulo 3 - El proceso de recuperación

Establecer límites

En las relaciones sentimentales, frecuentemente consideramos los límites como algo horrible o básicamente superfluo. ¿No se espera que nuestra pareja prevea nuestros deseos y necesidades? ¿No es esa pieza de estar enamorado? ¿No son los límites insensibles? ¿No se entrometen con el sentimiento y la espontaneidad de una relación?

Toda relación sana tiene límites. Un límite es "donde termino yo y comienza otra persona". Los límites se comparan con los límites alrededor de los países.

Sin línea, la diferencia entre uno y otro termina siendo confusa: ¿quién posee y mantiene este espacio cuestionable? ¿Qué pautas aplican?

En el momento en que el límite se establece y respeta, patentemente, no necesitas colocar divisores o paredes eléctricas, las personas pueden incluso cruzar el límite ocasionalmente cuando hay comprensión entre las partes. Sea como fuere, cuando el límite se rompe como para hacer daño o abusar, en ese punto probablemente necesitará divisores, puertas y vigilantes.

En relaciones sanas, los miembros piden consentimiento, consideran las emociones del otro, muestran aprecio y consideran las diferencias en las discusiones, puntos de vista y sentimientos.

En relaciones menos sanas, los miembros esperan que su pareja se sienta de la misma manera que ellos. Pasan por alto las consecuencias de ignorar el límite de su compañero (por ejemplo, "Ya se le pasará").

Los límites en las relaciones sentimentales son particularmente importantes, debido a que en lugar de diferentes relaciones, las parejas poseen los secretos más privados del otro, incluidos los físicos, emocionales y sexuales.

Esta es la razón por la que establecer límites obviamente es vital. Sea como fuere, ¿a qué - y a qué no - se parece esto?

A continuación, observará fragmentos de conocimiento sobre límites que no funcionan y consejos para definir límites que sí funcionan.

Límites que no funcionan

Los límites que frecuentemente fracasan son aquellos que incorporan las palabras "consistentemente", "nunca" o cualquier lenguaje dominante. Tales límites son normalmente irrealizables y no duran.

Otros límites inadecuados lo alejan de su pareja, tienen una doble moral o intentan controlar tu conducta. Si no estás en casa a las 8 de la noche de forma sistemática, no tendré relaciones sexuales contigo "," Si no haces X, me lastimaré "o" No tienes permitido hacer X, pero yo puedo hacerlo cuando quiera".

Los límites poco claros tampoco funcionan. Estos incluyen " No gaste mucho dinero este mes" o "Ve a buscar a los niños en la escuela un par de veces por semana".

Muchas parejas no hablan de sus límites. Argumentan que su pareja simplemente debería conocerlos. Esto está fuera de lugar. Por ejemplo, necesitas que tu pareja conozca tus deseos. En lugar de comunicar esta necesidad, tú la insinúas, juegas una ronda de "Te premiaré con creces si adivinas lo que quiero" o te enojarás cuando esto no ocurra.

Además del hecho de que esto es impracticable, causa problemas y puede dañar tu relación.

Definición de límites saludables

Según el analista Leslie Becker-Phelps, Ph.D, los límites sanos incorporan todo, desde hacer un poco de ruido cuando crees que estás siendo ignorado hasta apoyarte a ganar fuerzas para defenderte.

Intente el enfoque del emparedado. Esto se compone de un cumplido, análisis, cumplido. Comenzar con un cumplido evita que su pareja se proteja. "Esto los prepara para un pequeño análisis, se sienten asociados y lo suficientemente agradables como para tomarlo, y luego se cierra con un cumplido".

Modelo: "Me encanta tener sexo contigo, es una alucinante parte de nuestra relación. Me he dado cuenta que estoy casi siempre estoy de mejor ánimo en la mañana, mientras que por la noche, simplemente necesito descansar. ¿Podríamos mejor seguir teniendo el sexo por las mañanas? "

Sé claro acerca de tus necesidades. Después de darte cuenta de cuáles son tus necesidades, cuéntale a tu pareja. Muchas de las transgresiones a los límites provienen de errores. Una pareja tiene un problema con algunas prácticas específicas, sin embargo, nunca deja que su pareja lo sepa. Regularmente esto se debe a que indican que esto provocaría una pelea.

Sea como fuere, está bien tener preferencias, y está bien decirle a tu pareja. Por ejemplo, si necesita ser tratado como a un igual en asuntos de dinero, infórmaselo a tu pareja.

Sé específico y directo. Según lo indicado por Levy, cuanto más específico seas al establecer tu límite, mejor. Ella compartió estos modelos:

"Si colocas tu ropa sucia en el cesto antes de las 10 am del sábado por la mañana, estaré encantado de lavarlas por ti".

"Trata de no leer mi diario. Me siento dañado cuando mi intimidad se ve menospreciada".

"Necesito saber cómo te fue en tu día. Estaré disponible para darte mi completa atención en 10 minutos".

Sé claro acerca de tu amor, al mismo tiempo que seas claro sobre tus límites. Transmite a tu pareja cuanto te importa. Si han excedido un límite, ten en cuenta esto. "Indica que necesitas que respeten el límite y aclara el significado de esto para ti".

"Te amo, pero no estoy dispuesto a llamarte por teléfono cuando has estado bebiendo".

Ella compartió este modelo: "Necesito que te des cuenta de que te amo y deseo que estemos juntos para resolver cualquier problema que surja. En cualquier caso, no me gusta que seas verbalmente brusco cuando te enojas. Si necesitas discutir cuanto te molesta que me encontrase con mi ex, podemos hacerlo, pero solo si no me atacas".

Becker-Phelps también recomendó permanecer abierto a escuchar cómo el límite influye en tu pareja. Habla sobre el tema para que ambos se sientan considerados, escuchados y respetados, dijo.

Usa la primera persona, "yo". Según Levy, las explicaciones con "yo" lo ayudan a reclamar sus propios sentimientos y le permiten a tu pareja sentirse más tranquila y menos protectora". En lugar de decir: "Tienes que hacer esto" o "Debes hacerlo constantemente", utiliza expresiones tales como: "Yo siento" o "Yo reconocería" o "Me gustaría si..."

Actúa de manera consciente. La fase inicial en la definición de cualquier límite es la auto-información. Debes reconocer lo que te gusta y disgusta, con qué estás bien y qué te aterroriza, y cómo debes ser tratado en determinadas circunstancias.

Si bien no hay garantía de que esto funcionará de manera consistente, los individuos en general responderán cada vez más cuando se sientan escuchados y comprendidos por primera vez.

En resumen, las relaciones sanas requieren límites obvios. Por ejemplo, la mayoría de las parejas coinciden en que la infidelidad es una infracción a los límites. Sin embargo, no entiendo el significado de infidelidad ¿Es contacto físico, ir a almorzar, comunicar información privilegiada a una pareja, fantasear con alguien o ver pornografía?

En el momento en que las parejas tienen claros los límites de su propia relación, cuáles son los principios, objetivos y deseos, la relación puede ser estable.

Ponerse primero

Amor propio

Rehusarse a tratar contigo mismo no te convierte en un santo merecedor de premios, sino que presumiblemente convierte tu vida en un tormento. Esto puede parecer absurdo, sin embargo, es un buen augurio si piensas que en su conjunto necesitamos a aquellos con quien queremos estar cerca, contentos y sólidos durante todo el tiempo que sea concebible. Puedes estresar a tu pareja al no lidiar con tu bienestar, ya que esto puede significar perderte en una enfermedad que se pudiera prevenir.

Los principios comparativos se aplican cuando no lidias con tu bienestar emocional. Quizás estés desanimado o tengas problemas constantes en el trabajo, pero no cambiarás de empleo ni recibirás ayuda a través de tratamiento. Es posible que te sientas merecedor de la compasión de tu pareja de manera constante y eso es coherente hasta cierto punto. La vida puede ser dura y periódicamente trata crudamente, pero cuando la circunstancia pasa y tú te mantienes renuente a solucionar el problema, querer compasión se transforma en una actitud infantil. Nadie necesita volver a casa para encontrar tristeza constantemente.

Además, es extremadamente penoso ver a nuestros amigos y familiares soportar, por lo que no eres el único atormentado cuando tienes problemas. En verdad, ninguno de nosotros puede proporcionar a los demás lo que no podemos proporcionar a nosotros mismos, por lo que nuestra capacidad para tratar con nosotros mismos y satisfacernos a nosotros mismos está firmemente vinculada a nuestra capacidad para proporcionar a los demás libremente. Ambos merecen una persona importante que asuma responsabilidad por su bienestar y satisfacción.

De esta manera, a pesar del hecho de que puedas sentirte absorbido de varias maneras por la totalidad de tus obligaciones, reserva unos minutos de manera constante para estos pasos fundamentales de autocuidado:

Busca enfoques para desarrollar y descubrir cómo permanecer ocupado con la vida.

Esto podría estar examinando la posibilidad de conseguir algún hobby. Cuando somos jóvenes, todo provoca nuestro interés y se siente nuevo y energizante, pero a medida que nos hacemos mayores, es todo menos difícil permanecer siendo el mismo de siempre. Trata de no ser predecible, al contrario, trata algo nuevo para energizarse y convérsalo con tu pareja.

Come bien, descansa lo suficiente y haz ejercicio de manera rutinaria.

La vida es corta y solo tienes un cuerpo para vivirla, así que trátalo como la necesidad esencial que es. Utiliza un buen juicio y lidia con él de manera consistente en pequeñas y maravillosas formas.

Invierte energía de calidad como equipo.

Cierra cada semana en actividades en las que no participes en conversaciones estresantes como el trabajo, las facturas, etc. Más bien, vean una película juntos o planeen una excursión a un centro de recreación o sala de exposiciones. Durante esas ocasiones, apaga tu teléfono. Independientemente de si es una noche completa o simplemente recuperar el tiempo perdido en la primera parte del día o la noche, tener solo 30 minutos de tiempo juntos puede ayudar a crear un vínculo más sólido. Sentirse cerca de los demás es el Prozac de la naturaleza sin los gastos y síntomas, así que úsalo libremente.

Invierte energía con tus seres queridos.

Somos criaturas sociales y nada nos alimenta como nuestras relaciones. Ofrecer una sonrisa a amigos y familiares hace que nuestro estrés ordinario desaparezca y nos conecta con algo más grande. Esta experiencia es fundamental para nuestra prosperidad, ya que alivia la presión.

Tratar contigo mismo física y genuinamente te hace cada vez presente, centrado y tranquilo. Sé la persona con quien necesitarías volver a casa, alguien que avanza en su propia prosperidad y satisfacción y, por lo tanto, tiene la capacidad para transmitir alegría a otra persona también.

Para concluir, si sientes que tu pareja no está cuidando su persona, haz un poco de ruido y conversa al respecto. Llama la atención sobre por qué se ocupa de ti y cómo influye eso en tu relación. Sé fuerte y enérgico al respecto tanto como puedas y ofrece recomendaciones. Idealmente, tu pareja estará disponible para tus esfuerzos por mejorar la naturaleza de la relación. Si la persona en cuestión no lo está, generalmente puedes intentar con terapia de pareja para mejorar la reciprocidad.

Conciencia plena y meditación

El afecto es un estado mental para vivir que te alienta a ser cada vez más abierto, atento y considerado. Incluye coordinar deliberadamente tus opiniones lejos del piloto automático y la mala toma de decisiones sobre tus ideas, lo que te permite estar cada vez más presente y asociado con lo que esté sucediendo en este momento. No es difícil imaginar que individuos cada vez más reflexivos puedan mejorar la relación de pareja. Además, actualmente hay un claro apoyo en literatura científica para estas relaciones. Una meta-investigación distribuida en el Journal of Human Sciences and Extension hace un año descubrió que cantidades más elevadas de afecto anticipan relaciones más alegres y gratificantes.

¿El afecto realmente causa mejoras en las relaciones?

Antes de continuar, es fundamental tomar nota de que de las 10 investigaciones que se incorporaron, solo dos contenían una investigación sobre el afecto. Los otros simplemente estudiaron el afecto y la felicidad en la relación y encontraron una conexión positiva entre ellos (investigaciones correlacionales). Esto plantea el problema del huevo y la gallina. ¿Las relaciones más felices nos hacen sentir cada vez más considerados y abiertos, o es al revés? A pesar de que no sabemos sin lugar a dudas que el afecto produce una mejora en la relación, en cualquier caso dos investigaciones demuestran que sí. En cualquier caso, ¿por qué? La respuesta apropiada puede estar en cómo el afecto influye en el cerebro.

Las siguientes son cinco maneras en el cerebro mediante las cuales practicar actitudes afectuosas puede permitirte tener relaciones más felices:

1. El amor mejora el patrón de sentimientos

Los estudios demuestran que expresar afecto fortalece la corteza prefrontal y mejora la disponibilidad entre la corteza prefrontal y la amígdala. La corteza prefrontal es el foco oficial del cerebro y puede causar una impresión en la amígdala que revela que las cosas están bien y puede relajarse y detener la reacción de "lucha, huida, parálisis". Entonces, a pesar de que empecemos a perder la paciencia o a abandonar a nuestras parejas cuando están muy involucrados en la discusión, podemos decir "¡Alto! Esto no es útil" y de esta manera evitar caer bajo.

2. El afecto nos anima a ser cada vez más atentos y conscientes

La gran mayoría de nosotros nos damos cuenta de lo decepcionante que suele ser tratar de conversar con una pareja que revisa continuamente el correo electrónico o los mensajes o cuya atención es constante en los problemas laborales. El afecto cambia las partes del cerebro relacionados con la coordinación de la atención y el interés central. De esta manera, el afecto puede permitirnos ver cuándo estamos en piloto automático y desviar la atención sobre lo que nuestro compañero está diciendo o lo que podría sentir y necesitar. Esto puede permitirnos ser más valiosos y presentes en nuestras relaciones, lo que ayuda a la crear intimidad y hace que nuestras relaciones sean más alegres y más unidas.

3. El afecto nos hace cada vez más empáticos.

El afecto también cambia la ínsula, una parte del cerebro relacionada con la simpatía y la empatía. Esto puede permitirnos comprender mejor los puntos de vista y sentimientos de nuestra pareja y sentir más simpatía por ellos. Cuando nos acercamos a nuestra pareja con empatía, en lugar de resentirnos y querer controlarlos, esto puede llevar la discusión de una manera positiva. La simpatía además nos anima a expresar afecto y calidez a nuestra pareja, lo que genera cercanía. El afecto genera maneras de contrarrestar actitudes evasivas.

4. El afecto mejora la atención plena

El afecto también provoca cambios en la corteza, que está relacionada con nuestro sentimiento de ser y modula la expresión de nuestros sentimientos. De esta manera, el afecto nos puede permitir ver cuándo nuestra conducta es poco deseable y poder dirigir nuestros pensamientos hacia cómo nos gustaría actuar y cuáles son nuestros principios motores. Esto puede permitirnos controlar la motivación para actuar de forma agresiva o manipuladora. Podría permitirte levantarte y lograr algo diferente cuando te sientas atraído a entrar en la PC de tu pareja o acecharlos en la web.

5. El afecto reduce la reactividad emocional negativa

Los estudios sobre el afecto demuestran que demostrar afecto durante 8 a 10 semanas cambia las regiones del cerebro que guían las emociones. La amígdala es una pequeña pieza del cerebro con forma de almendras que pone el cerebro en el modo "lucha, huida, parálisis" en el que comenzamos a considerar que somos un peligro para nuestra bienestar o autosuficiencia y, naturalmente, nos cerramos completamente o comenzamos a agredirlos con palabras y conductas violentas. El afecto reduce el volumen de la amígdala, lo que implica que tiene menos capacidad para atraparnos en el modo de "peligro". Esto puede ayudar a las parejas a escapar de los ciclos negativos de peleas o rompimientos de relaciones.

En general, necesitamos relaciones más alegres, sin embargo, pocos de nosotros sabemos las claves para la felicidad en la relación. En lugar de concentrar energías en refunfuñar o intentar cambiar a su pareja, expresa tu afecto. Mucho mejor, Tomen terapia juntos o practiquen la meditación utilizando la expresión del afecto. Esto le permitirá estar cada vez más presente, valorar y desarrollarse mutuamente. Además, ¿quién puede oponerse a eso?

Deja salir tus emociones

Suceden cosas peculiares cuando nos herimos. Herirse es una propensión dolorosa; posteriormente, es un buen augurio que reaccionemos con tristeza cuando un compañero de vida o un pariente (modelos disfuncionales, te lo garantizo) nos ofenden. Sea como fuere, en lugar de llorar por nuestro problema en tales casos, ¡estamos innegablemente obligados a atacar con violencia! Imagínate.

Siendo las cosas como son, nuestra respuesta es razonable. La indignación tiene dos variaciones: desagrado esencial e indignación selectiva. La molestia esencial ocurre cuando se cruza un límite. La infracción muestra la furia como un mecanismo de defensa para preparar una reacción viable. Por ejemplo, si observamos que la ira tiene dos variaciones; un acosador siguiendo a nuestra novia tira de su cabello con fuerza, nuestra furia de momento nos permitirá hacer movimientos rápidos para abordar la circunstancia. Algo muy similar sucede cuando no se tienen en cuenta nuestros propios límites en la crianza de los niños: imagínate a un niño que no se sintoniza con sus padres. Todo lo que hay dentro de los padres dice que esta situación no está bien, y la furia sube regularmente a la superficie ("¡tienes que sintonizar con tus padres, jovencito!"). En esta circunstancia, sea como sea, tenemos que aplacar la molestia y calmarse un poco para pensar en el mejor y adecuado arreglo para la crianza de los niños.

La molestia selectiva, por brutal que sea en algunos casos, es, en su principio, una herida emocional en lugar de una señal. Aquí y allá, llamado "indignación receptiva", es una reacción emocional frente a un sentimiento natural. El sentimiento no adulterado está dañado. En el momento en que un individuo se siente herido, la persona puede reaccionar con indignación. En realidad es lo mismo que si el individuo reaccionara golpeando el saco. En el caso anterior (cuando un individuo se angustia), la reacción es de naturaleza emocional; En el último caso (cuando el individuo golpea el saco), la reacción es de naturaleza social. En los dos casos, la inclinación genuina que se experimenta es perjudicial.

Deberíamos imaginar a un cónyuge diciendo algo dañino para su esposa (una vez más, es posible que deba considerar algo que lea en algún lugar ...). Cuando las palabras salen de su boca, ella siente una herida en su corazón. Es instintivo Daña

Esposa: "¡Tengo una buena idea! ¿Por qué razón no hacemos una excursión familiar? ¡A los niños les encantaría!"

Cónyuge: "¿Alguna vez piensas antes de abrir la boca?"

Actualmente, me doy cuenta de que puedes preguntar por qué el cónyuge diría algo como eso, pero recuerda que el matrimonio es imprevisible, y pocas cosas son lo que parecen ser desde el principio. Para esta situación, por ejemplo, esta pareja ha estado hablando de la terrible preocupación relacionada con el dinero del cónyuge a mitad mes debido a mala administración del mismo en casa. Él ha comunicado su temor de tener problemas cardiacos por toda la presión que siente. Con la ayuda del instructor, han llegado a un acuerdo de que la esposa, durante los siguientes dos meses, se abstendrá de solicitar que el cónyuge gaste dinero en cualquier "artículo adicional" para la familia. Sin eso, los gastos serian instintivos. Duele. Pensando, sea como fuere, la esposa actualmente plantea enérgicamente la posibilidad de una excursión familiar, que necesariamente incluirá algún costo. De allí, la respuesta ardiente del esposo.

Su propia conducta, en cualquier caso, la esposa se tambalea atormentada. "¿Cómo puede hablarme así? ella reflexiona. Se siente rechazada, abatida, maltratada y extremadamente herida. Entonces abre la boca y comienza a gritarle a su esposo. "¿Cómo pudiste HABLARME ASÌ? ¿PIENSAS ALGUNA VEZ ANTES DE ABRIR TU BOCA? ERES MEZQUINO, REPUGNANTE, DESPRECIABLE...". Eso es indignación selectiva.

Los expertos nos revelan que la indignación es una inclinación peligrosa. La indignación puede causar enormes heridas profundas, al igual que un daño emocional, mental y físico. Provoca numerosas complicaciones, incluidos los delitos peligrosos hacia personas con palabras, violencia física, utilizar lenguaje ofensivo y muchas otras. La molestia selectiva es el tipo más peligroso de todos, ya que, es como si tuvieras lesión abierta, uno probablemente atacará con todo el poder del dolor emocional. Las palabras una vez expresadas verbalmente no se pueden retirar. ¿Quién sabe cuántas relaciones rotas son el efecto de los corazones rotos por el abuso verbal que reacciona?

Para mantener una distancia estratégica de un resentimiento reaccionario, debemos prepararnos para mantener nuestras bocas sólidamente cerradas en cualquier punto que nos duela. Ofrece una recompensa importante a las personas que pueden alcanzar esta actitud. Esa recompensa ocurrirá en una próxima ocasión, sin embargo, hay compensaciones adicionales que suceden directamente, en este momento. Con la boca cerrada, no puede convertirse en un instrumento destructivo. Nos salvamos de una herida profunda. Además, nuestras relaciones más significativas se salvan de un rompimiento. Podemos aliviarnos, calmarnos e investigar la circunstancia más rápidamente a la luz del hecho de que no hemos empeorado las consecuencias de la ira. Podemos comenzar a ver los errores de nuestros propios modales específicos, recogiendo, analizando y mejorando por lo tanto. Además, estamos listos para pensar y dar sentido a los pasos que se deben tomar para corregir las circunstancias. ¡Es todo genial!

Para convertirse en un experto en discreción, practica el Podemos aliviarnos a nosotros mismos; mantener la boca cerrada en episodios menores y ordinarios cuando necesitas "responder", contrarrestar o tener la última palabra. A medida que muestres signos de mejora y progreso en esta experiencia, terminarás preparado para enfrentar mayores dificultades, hasta que finalmente tengas la opción de mantener la boca cerrada en el instante exacto en que te hieren, independientemente de lo lastimado que te sientas. Y después de eso satisfarás lo que dicen los Proverbios: "¿Quién es fuerte? ¡El prudente!"

Redefiniendo Perspectivas

¿No son las relaciones como una brisa? Nadie dijo, nunca. Seamos honestos, somos animales complejos y cuando estamos juntos con otro animal complicado podemos obtener un arco iris de resultados increíbles y desconcertantes. Llegar a la parte significativa de entender que vivir en pareja no es algo simple y el las peleas, bueno, en general siempre dejarán una huella. Nuestra vida realmente puede sentirse como sobrevivir a una batalla: en general, conocemos la sensación.

¿Qué, sin embargo, pasa después de que la tempestad de la separación se haya calmado? En medio de las relaciones, nos unimos, nos apareamos y, en algunos casos, incluso hacemos (otras personitas) así que a medida que avanzamos por caminos separados, ¿qué pasa con esas no tan pequeñas cosas? Enormes o pequeños, las cosas que hacemos juntos tienen vida y un resultado mental y físico de vez en cuando (niños, hogar... cosas). Aislar nuestro tiempo y nuestras cosas para proporcionar alimentos para la permanencia de una relación es el tipo de matemática más extremadamente horrible del planeta... ¿Quién recibe qué y cuándo? Es regularmente difícil e inconstante.

Lo que pasa con nosotros, las personas, es que, en general, le daremos mucha importancia a nuestras relaciones; nos esforzamos por tener una pareja de por vida y siempre recordamos a nuestros seres queridos, independientemente de cómo 'ocurrió'. El problema es que muchas relaciones no duran para siempre entre el tornado subyacente de sentimientos profundamente cargados y el desarrollo del mundo real; Ofrecer tu vida a alguien más es realmente algo desgarrador. La cuestión es que, cuando el amor se va y las relaciones se separan, tenemos opciones, podemos elegir cómo responder e incluso proceder a ser amigos después de las separaciones más feroces y ásperas. Es difícil, sin embargo, es muy ventajoso y si hay niños en medio de una separación, en ese punto es más imperativo elegir un plan de crianza de hijos que genere respeto y sensatez; ningún niño tiene derecho a quedarse atrapado en medio de dos adultos en guerra.

Las relaciones llegan a su fin por una amplia gama de razones y una parte de esas razones puede ser terriblemente terrible; la infidelidad es un jugador notable con respecto a las razones de la separación y no hay incertidumbre, descubrir otros hijos a partir de tal circunstancia es desconcertante. Si no tienes hijos, entonces no hay razones para continuar con la unión con un sinvergüenza, pero si tienes hijos... Bueno, es una decisión dura, pero es posible y favorable; hacer algo que proteja a tus hijos del abandono de una separación. El perdón es una de las cosas más difíciles pero más reparadoras y si implica armonía para su familia, en ese momento es el mejor enfoque para seguir adelante.

Descubrir algunos puntos de vista compartidos es un buen comienzo para avanzar hacia otra perspectiva en las relaciones. Donde una vez hubo afecto, hay recuerdos y eso significa algo cuando intentas encontrar un amigo después de la separación. Concentrarse en lo grandioso y lo positivo puede abrir un universo de posibilidades de ser amigo de un ex y, en realidad, se sabe que la amistad sin el sexo o la vida en común crea parentescos de por vida. Repensar su relación con alguien que alguna vez amaba no tiene por qué ser una imposición o una carga.

De todos modos, ¿cómo abordaríamos repensar una relación? Las tres C...

Consideración: tener empatía realmente nos anima a interactuar. Probablemente no comprendamos ni siquiera coincidiremos con las actividades o el punto de vista de alguien, sin embargo, intentar ver algo desde su perspectiva por un momento es una necesidad absoluta para avanzar.

Comunicación: numerosas parejas dejan de conversar durante su relación y es simplemente después de eso que pueden reconectarse y realmente escucharse mutuamente.

Convenios: comprometerse en algunos puntos con respecto a la reconexión con un ex hace un comienzo bastante menos irritable. Hay un dicho increíble al respecto: " No pida más a un hombre (o mujer) de lo que él (o ella) puede dar". Mantener los deseos razonables y ser transparentes con un ex puede generar confianza y consideración al igual que establecer límites para que todos sepan a qué atenerse.

En cuanto a la evidencia, lo soy. Actualmente, mi ex y yo somos grandes compañeros y criar a nuestra pequeña niña mientras no estamos juntos termina estando cargada de felicidad. Llegar a la Navidad juntos, organizar un espléndido fin de semana de cumpleaños para ella y estar allí como un equipo para ella es nuestra única necesidad, sin embargo, las ventajas de pasar el rato y reírse también son una recompensa. En una sección del New York Times Modern Love titulada "Joyfully Ever, After We Split", Wendy Paris refuerza el avance de la relación con su conyugue a través del proceso de separación y cómo el aislamiento los unía.

Gwynny y Chris de Coldplay se separaron con su frase popular, 'desacoplamiento consciente' que, en ese momento parecía ser bastante dudoso (y sonaba un poco presumido), sin embargo, en realidad, es lo que está sucediendo.

Desacoplarse con la belleza y seguir adelante como amigos... El día de hoy, 'alegremente para siempre'.

Escucha a otros

En general, en todas las relaciones hay un individuo que habla y otro que escucha. Sea como sea, ¿está realmente escuchando?

El objetivo de la escuchar profundamente es obtener datos, comprender a un individuo o una circunstancia y experimentar satisfacción felicidad. La atención total está ligada a decidirse por una elección consciente de escuchar lo que los individuos están diciendo. Está relacionado con estar totalmente centrado en los demás, sus palabras y sus mensajes, sin estar distraído.

Se dice que una de las razones más ampliamente reconocidas por las cuales las personas consultan terapeutas es que escuchen sus argumentos. Para que tu historia sea escuchada, necesitas una audiencia. Las habilidades de escuchar y de empatía son signos de buenos comunicadores, líderes y terapeutas. Las aptitudes para escuchar se pueden adaptar, sin embargo, en realidad, algunas personas simplemente serán en general miembros preferidos de la audiencia sobre los demás.

La importancia de escuchar en las relaciones de pareja no puede exagerarse. Una investigación demostró que hay dos maneras diferentes de escuchar: "escuchar para comprender" y "escuchar para reaccionar". Aquellos que "escuchan para comprender" tienen un desempeño más sobresaliente en sus relaciones de pareja que otros. Si bien las personas pueden darse cuenta de que pueden escuchar para comprender, lo que realmente están haciendo es esperar para reaccionar.

Además, cuando las personas intentan "arreglar" a otras personas, con frecuencia reaccionan a su propia necesidad de pelear. Un estudio similar demostró que las parejas que han recibido terapia juntas son mejores oyentes porque pueden aplicar directamente consejos a sus relaciones. Se dice que, por regla general, las mujeres deben ser escuchadas, y los hombres deben arreglar o reaccionar.

Según lo indicado por los médicos, escuchar de manera dinámica o profunda es el núcleo de cada relación sana. Además, es el mejor método para el crecimiento y el cambio. En general, las personas que se escuchan serán cada vez más abiertas, la mayoría guiará cada vez más a su manera, y regularmente serán menos reservadas. Los miembros de la pareja dejan de tomar decisiones y otorgan un dominio protegido y un apoyo para los que hablan más que lo que escuchan.

Al escuchar con cautela cuando alguien habla, les revelamos que nos importa lo que dicen. También es imperativo recordar que escuchar es infeccioso. Cuando sintonizamos con otras personas, en ese momento es probable que estén más dispuestas a escucharnos.

Afortunadamente, podemos descubrir cómo ser mejores miembros de la pareja; no obstante, escuchar requiere práctica. Cuanto más lo hagamos, mejor lo haremos, y más constructivas serán nuestras relaciones de pareja

Aquí hay algunos consejos para mejorar como escuchar:

Observa el tono y la enunciación del hablante.

Desarrollar empatía.

Abstenerte de tomar decisiones.

Repite con tus propias palabras lo que alguien te ha hecho saber (reflexión compasiva).

Reconoce que estás escuchando haciendo un gesto o diciendo "Uh-huh".

Ponte dentro del cerebro del hablante.

Centrarte en la comunicación no verbal.

Observa los ojos de los demás cuando están hablando.

Concéntrate en los sentimientos relacionados con las palabras.

De vez en cuando, haz un bosquejo de los comentarios de los demás cuando tengas la oportunidad.

Escucha la importancia.

Para convertirte en un comunicador convincente, tienes que descubrir cómo escuchar la misma cantidad de la misma manera que tienes que averiguar cómo hablar. Sorprendentemente, muchas personas se centran más en hablar que en la escuchar. Independientemente de si en una discusión individual o en una reunión en el aula, concentrarte en lo que otros están diciendo te permite presentarse a tí mismo más adecuadamente. Cuando escuchas con eficacia, también descubres más.

Echa un vistazo a la sala durante una charla, presentación o sala de descanso. Las indicaciones de personas que no escuchan están por todas partes. Algunas personas ponen una mirada clara que debe ser retratada como su "cara de protector de pantalla" (en las expresiones de uno de mis asociados). Reconoces a qué se parece esa cara de protector de pantalla: es esa mirada evidente donde los ojos son opacos y no miran a ningún lado y la cara definitivamente no tiene ninguna expresión por ningún concepto. Además, observarás personas en una reunión o grupo de espectadores que no se fijan en el orador por nada del mundo. En realidad, miran a cualquier otro lado.

Juegan con su lápiz o miran ansiosamente su teléfono móvil o incluso intentan echar un vistazo a su pantalla. Si hay una ventana en la habitación, miran al cielo, independientemente de si la vista es solo la del edificio vecino. Un orador increíble puede encantar incluso a la parte más testaruda del grupo de espectadores. El orador, compañero, pareja o pariente normal puede experimentar serias dificultades para conseguir que le miren los miembros de la audiencia reunidos que no tienen idea de cómo ensayar las aptitudes para escuchar esenciales.

Si somos los oradores, necesitamos que otros escuchen. Entonces, ¿por qué razón no podemos muchos de nosotros jugar el juego al revés? Es concebible que la vida basada en Internet esté haciendo que numerosas personas pierdan su capacidad de concentrarse. En general, la audiencia normal requiere un cambio en el estímulo después de unos 20 minutos. Sea como fuere, con mensajes rápidos que llegan desde Facebook o Twitter o notificaciones de juegos en la web, muchas personas requieren un cambio de estímulo después de unos 15 segundos. Excepto si tienes ese toque magnético, experimentarás considerables dificultades para luchar contra las carencias de atención de tu grupo.

El problema con los miembros inatentos de la audiencia no es solo que son vistos como descorteses sino que se les escapa información significativa. Las investigaciones sobre el impacto destructivo de realizar múltiples tareas en el aprendizaje de los alumnos demuestran que los alumnos que enviaron mensajes en sus teléfonos celulares, chatearon, actualizaron su estado de Facebook y enviaron mensajes de texto tuvieron evaluaciones menos afortunadas que las personas que escucharon direcciones sin distracción. Como lo indica la "hipótesis del cuello de botella psicológico", propuesta por el clínico Alan Welford en 1967, puedes procesar una gran cantidad de datos en el doble antes de que tu aprendizaje comience a desarrollarse.

Volviendo al punto de desconsideración de los problemas para escuchar, las personas que no escuchan del mismo modo parecen tener habilidades sociales menos afortunadas cuando todo está dicho. En un examen llevado a cabo en Louisiana, se descubrió que los estudiantes con mal rendimiento identificaron como "escucha empática dinámica" obtuvieron puntajes más bajos en un grupo de habilidades sociales. Ser un público inatento está relacionado con una afectación social y emocional más desafortunada. Este fue un estudio correlacional, obviamente, por lo que no podemos decidir la causalidad. También puede haber un tercer (o más) factor que influye tanto en escuchar como en las habilidades sociales. Dejando a un lado estas calificaciones, los resultados son interesantes.

Otra calificación es la forma en que se trataba de una prueba de pregrado y, de hecho, no era un agente de la población. En cualquier caso, se podría afirmar que es especialmente difícil para las personas adquirir aptitudes para escuchar cuando se encuentran en el período avanzado de la edad adulta. Las aptitudes sociales que se aprenden a finales de la juventud y a mediados de los 20 años permanecen contigo durante toda la vida y pueden afectar la naturaleza de tu vida. Si no desarrollas tus aptitudes sociales en tus primeros años de crecimiento, tendrás más dificultades para obtener una nueva línea de trabajo, una pareja sentimental y un grupo de personas alentadoras que necesitarás a medida que avanzas en la edad adulta. . Incluso puede ser un representante de ventas cada vez más exitoso, si esa es la profesión que eliges buscar.

Validación

Cuando pensamos en lo que podemos hacer para mantener nuestra relación, consideramos regularmente los atributos físicos. Consigue unos anillos de diamante. La llevas a una rica cena. La sorprendes vistiendo tu mejor ropa. Compras flores y chocolate. Dan un paseo romántico. Si bien estas cosas seguramente no dañarán tu relación (¡para nada!), En realidad no son los indicios más sólidos para unirte a un ser amado.

La parte más profunda tiene más que ver con cómo colaboran juntos en comparación con lo que hacen juntos. Se llama validación. La validación confiable y emocional de los pensamientos y sentimientos de tu pareja es lo mejor que puede hacer para su relación.

Recuerda cuando te sentiste verdaderamente comprendido. Tal vez fue un orientador en la escuela que parecía saber exactamente que decir cuando estabas molesto. Quizás fue tu mejor amigo quien dejó todo cuando llamaste con buenas noticias y estaba ansioso por compartir tu felicidad. Recuerda la última vez que realmente te sentiste escuchado, comprendido y en sintonía. Es una sensación asombrosa, ¿Quién diría que no?

La validación en tu relación es un concepto similar. Implica que cuando tu pareja te informa con respecto a su día, o te habla sobre sus sentimientos, tú te quedas con él/ella en ese momento, respetando su experiencia. Te unes a su realidad y ves las cosas desde su perspectiva. Es un método para demostrar que comprendes y reconoces sus observaciones y emociones tal cual son. Investigaciones han demostrado que tener este tipo de experiencias con tu pareja le ayuda a sentirse menos molesta y menos impotente, aunque las prácticas de negación hacen lo contrario; hacen que tu pareja se sienta escrutada, rechazada o desdeñada por ti.

Las mejores relaciones son aquellas en las que los dos miembros comparten su mundo interno entre sí, sus pensamientos, sentimientos y deseos verdaderos, y donde su pareja , por lo tanto, realmente puede escucharlos. Cuando compartes un estilo de comunicación positivo, creas confianza e intimidad. Estas son los lazos que hacen que las relaciones duren.

Si bien la idea de validación puede parecer básica, de vez en cuando puede ser algo difícil de ejecutar. Imagina que tu pareja regresa a casa y te revela que está furioso (a) porque tiene que trabajar durante el fin de semana. ¿Cuál es tu primera reacción? Un gran número de nosotros se pondría a la defensiva de nuestro compañero de vida, o al calor de la circunstancia, tendrían el deseo común de intentar ayudar o solucionar la circunstancia. Puedes ofrecer ideas sobre forma más competente para abordar el problema. Si bien, naturalmente, sientes que ayudas al hacer propuestas, esto puede sentirse como si dudaras de tu pareja. Es posible que tu pareja no esté buscando ayuda con una respuesta: lo más probable es que haya intentado descubrir formas de resolver el problema y se sientan cada vez más decepcionados al escuchar tus consejos, independientemente de cuán grandes sean sus expectativas.

Entonces, ¿cómo te sintonizarías y aprobarías a tu pareja ? Hay un par de partes clave para ayudar a dirigir sus discusiones.

1. Plantear preguntas. Si tu pareja te presenta un problema o una circunstancia difícil, intenta descubrir cada vez más cómo se siente y qué necesita haciendo preguntas abiertas. "¿Qué deseas que ocurra?" "¿Cuál fue tu respuesta a eso?" "¿Cómo te sientes acerca de las cosas actualmente?" Hacer preguntas con delicadeza para aclarar su experiencia puede ser excepcionalmente gratificante para ellos. Demuestra que le prestas atención y necesitas escucharlo realmente.

2. Reconocer y tolerar es la siguiente etapa en la validación. Esto implica que reconoces lo que han dicho o lo que están sintiendo. Puedes decir: "Puedo ver que estás molesto por esto" o "Pareces estar desanimado" debido a la noticia sobre el trabajo durante todo el fin de semana. En lugar de intentar alegrar a tu pareja, le das espacio para que se moleste.

3. Demuestra que lo entiendes. Utiliza explicaciones de aprobación, por ejemplo, "Yo también me sentiría de esa manera" o "Me parece bien que se sientas de esa manera dadas las circunstancias" para decirles que ven por qué sienten la manera en que lo hacen. También puedes indicar la validación con palabras no verbales, por ejemplo, abrazarlos si se sienten desolados, prepararles un té si se sienten nerviosos o darles espacio si necesitan tiempo para pensar.

4. Escuchar atentamente es la parte principal de la validación. Esto implica que realmente te enfocas en lo que dice tu pareja. Por difícil que sea, detén tus propias opiniones y respuestas a la circunstancia o tema. Incidentalmente, deja de lado la necesidad de incitar, cambiar, ayudar o arreglar las circunstancias. Tus propias reflexiones se reservan para más tarde; más bien, tu centro está ubicado en la participación actual de tu pareja. Muestra que estás sintonizando deteniendo lo que

estás haciendo (apagar la PC, apagar la TV), sentarte con ellos, gesticular y mirar mientras hablan.

5. La aprobación no se aproxima a estar de acuerdo. Un atributo importante es que puedas reconocer los sentimientos de tu pareja, sin embargo, no significa que tengas que estar de acuerdo con ellos. Por ejemplo, indica que van a ver una película juntos. Posteriormente, examinas tus opiniones sobre la película. Tu pareja pensó que era atrayente e interesante, mientras que tú pensaste que era cansona y poco sorprendente. Puedes aprobar su perspectiva diciendo: "Parece que realmente te gustó la película. No fue mi opción favorita, pero puedo decir que te divertiste mucho viéndola". En este modelo, estás reconociendo la satisfacción de tu pareja, sin tener una opinión similar.

Por último, se trata de la forma en que colaboran juntos, significativamente más que lo que hacen juntos. Además, puede tener un efecto significativo en tu relación.

Capítulo 4 - Romper los patrones

Negación

Muchas personas tienen una variedad de prácticas de auto sabotaje que les impiden manifestar la vida que necesitan. La fase inicial para vencer las prácticas de auto sabotaje es recordarlas inicialmente. Una de las prácticas de auto sabotaje más dominantes es la negación.

La negación es un sistema de barreras que libera inquietud y angustia emocional. Al negar que haya un problema, no necesitamos sentirnos mal porque existe un problema. Lamentablemente, esto no resuelve nada ni mejora nuestras vidas. Simplemente oculta nuestros problemas donde nadie pensará mirar. Aún están ahí. Todavía nos preocupa y todavía nos detiene.

A veces negamos nuestro propio bienestar cuando no reconocemos y extendemos un problema que actualmente nos afecta. Trágicamente, cuando es evidente que hay algo que nos afecta, algo que nunca más podemos negar, se convierte en un problema considerablemente más difícil de determinar de lo que lo habíamos reconocido y confrontado cuando apareció previamente.

Un tipo de negación es refutar que nuestras prácticas realmente nos auto saboteen. Por ejemplo, cuando llegamos tarde a una reunión, podemos decirnos a nosotros mismos que no habrá ninguna diferencia, que aceptarán la razón que damos y que no habrá ningún resultado negativo. Sin embargo, esto generalmente no es cierto. Cuando lleguemos tarde a las reuniones o no regresamos a casa temprano, terminarás arruinando tu reputación con el tiempo y no podrás recuperar el mismo respeto que alguna vez tuvieron por ti.

Viviendo en el pasado

Vivir en el pasado y no reconocer lo que sería inevitable es un tipo de abandono. Independientemente de si crees que la marihuana debería ser autorizada y si crees que el matrimonio homosexual debería ser aprobado, lo que sería inevitable es que estas cosas sucedan algún día y negar esto y luchar contra esto es un ejercicio extremadamente inútil. Energía y recursos que podrían gastarse mejor en otro lugar.

Otro tipo de negación es objetar que el perdón, el reconocimiento y el amor tengan la capacidad de mover montañas. La gran mayoría acepta que la ira y la hostilidad son la mejor manera para resolver los problemas. A corto plazo, esta puede parecer la situación, sin embargo, a largo plazo, ciertamente no lo es. El amor es un poder fenomenal que puede provocar cambios. En el momento en que dos individuos luchan entre sí, si un individuo puede trascender la zona de guerra y expresar un reconocimiento, perdón y amor genuinos obvios, generalmente puede liberar todo el cinismo y restablecer la armonía en la relación.

Mucha gente cree que el perdón es una señal de debilidad. Ellos no aceptan que el sereno logrará todo lo que considere fundamental. Esto es negación. El perdón es un indicador de increíble calidad y poder individual. La supervivencia del más apto algún día demostrará ser la supervivencia, no del más apto físicamente, sino del más profundamente apto: las personas que deciden no luchar y más bien exigen encontrar objetivos serenamente.

Nos dañamos con la negación y de diferentes maneras también a la luz del hecho de que, a un nivel inconsciente, estamos cargados de culpa, desgracia y odio hacia nosotros mismo. En un nivel inconsciente, aceptamos que somos indignos y no merecedores de alegría, bienestar y logros, y que nuestra personalidad intuitiva, aceptando lo que somos nosotros mismos en un nivel inconsciente, aceptando que merecemos disciplina y no recompensas, manifiesta en realidad "la verdad "al hacernos hacer cosas que nos frenan y producen decepción.

Acusar a otros y vernos a nosotros mismos como víctimas

Shakespeare expresó una vez: "¡La culpa, querido Brutus, no es de nuestras estrellas, sino de nosotros mismos que consentimos en ser inferiores!". Por lo tanto, un tipo de negación sentiría que el problema se encuentra fuera de nosotros mismos y que somos víctimas de un universo amenazante y tumultuoso fuera de nuestro control, en lugar de que seamos los principales motores de nuestro destino.

Este es un tipo de negación extremadamente sorprendente, acusar a otras personas y condiciones de nuestras dificultades. Por ejemplo, cuando chocamos y nos involucramos un accidente automovilístico, tendemos a considerarlo un accidente cuando es realmente la consecuencia de nuestra distracción y, en general, acusaremos al vehículo que tenemos delante por detenerse inesperadamente.

Es habitual acusar a otros y no asumir responsabilidad por nuestras acciones. Habitualmente cuando las parejas pelean, un compañero acusará al otro compañero, expresando que "Me hiciste enojar. Me hiciste arrojar la tostadora contra la pared. Me hiciste gritar. Me hiciste golpearte. Si no me hubieras hecho enojar". "si no hubieras empujado a golpearte; si no me hubieras llamado de esa manera; si no me hubieras provocado, en ese momento no habría actuado de esa manera". Negar esta situación es renunciar a la posesión. No hace diferencia si somos provocados. Tenemos la decisión de continuar de manera positiva y respetable o no, y si no lo hacemos, y no lo dejamos salir, estamos tratando de pretender ignorancia.

La negación es normal en los borrachos y los adictos. "Si simplemente tomo un trago , generalmente no importará. Tendré la opción de lidiar con ella, no se convertirá en un problema difícil". Los alcohólicos y los adictos se revelan esto a pesar de tener un trasfondo marcado por una bebida o un medicamento que se convirtió en un problema importante.

Otro tipo de negación con respecto al licor y los medicamentos es que las personas generalmente se persuaden de que otras personas no se dan cuenta cuando están drogadas. Por lo general, este nunca es el caso. La gran mayoría puede saber cuándo otras personas están bajo la influencia.

Somos deliberadamente ignorantes cuando abusamos de otras personas y nos decimos que lo superarán, que no nos van a dejar. En su mayor parte, en algún momento u otro, lo hacen, y cuando lo hacen, con frecuencia no hay muchos problemas, una cantidad excesiva de desdén e indignación desarrollada para que se arregle la relación.

Intentamos cobijarnos en esta supuesta ignorancia cuando continuamos posponiendo una rutina alimentaria sana y el ejercicio. La parte de la negación no es que estemos negando que se trata de actividades importantes, sino que algún día no se controlar y nos llevará a la muerte. Negamos los resultados a largo plazo de nuestras acciones.

Matando al mensajero

Cuando alguien nos dice algo que preferiríamos no escuchar o lidiar, descubrimos maneras de atacarlos y refutarlos con el objetivo de que no necesitemos reconocer que han dicho algo cierto. Podemos revelarles que "Tú también lo haces". Por lo tanto, esto nos permite evadir la importancia de reclamar que estemos en la misma propia casa todos juntos prestando poca atención a la forma en que otras personas se comportan.

Ver a alguien cuando le decimos a nuestra pareja que "no tengo ningún problema. No tengo necesidad de molestarme con escuchar lo que dices. Tú eres el que tiene el problema, no yo. Tú eres la persona que necesita tratamiento, no yo", esto es negación profunda y es un indicador confiable de problemas de una relación que nunca se remendará y con toda probabilidad algún día se desmoronará. Este es otro caso de matar al mensajero.

Otro tipo de negación se clasifica como "Negación previa" lo que significa que prejuzgamos y descartamos un pensamiento sin evaluarlo primero para decidir si puede tener legitimidad. "Eso no es ponerse manos a la obra". "Es una actividad de inútil". Estas son negativas obstinadas que no tienen premisa en la realidad, ya que realmente no hemos visto la información.

Otro tipo de negación es "hacer lo mismo y anticipar resultados diferentes". Algunas personas aluden a esto como locura.

Cuando se nos dice algo que es cierto que preferiríamos no escuchar o manejar y buscamos personas que nos den su apoyo y refuercen nuestra posición, esto es negación. El hecho de que podamos descubrir a muchas personas que nos digan que estamos en lo correcto no significa que estemos en lo correcto.

"Solo estoy bromeando" es un tipo de negación. Cuando le decimos algo a alguien que es espantoso y responde negativamente, nos retiramos y aseguramos que "estaba bromeando". A veces no es negación, nos damos cuenta de que no estábamos bromeando y que estábamos haciendo un comentario brutal, sin embargo, en muchos casos nos comprometemos a aceptar que realmente solo estábamos bromeando, solo estábamos presionando, no teníamos ninguna mala intención y que el individuo era en efecto excesivamente delicado. Esto nos impide observar nuestra conducta objetivamente y rectificarla.

Entonces, si la autolesión y la negación son simplemente el efecto secundario de la culpa, la infelicidad y el odio, en ese punto, la mejor manera de terminar con la autolesión y la negación es querernos y perdonarnos a nosotros mismos. La mejor manera de querernos y perdonarnos es apreciar a los demás, disculpar a los demás y lidiar con otras personas. Cuanto más hacemos esto, más enviamos el mensaje a nuestro subconsciente de que somos geniales, apreciando a las personas que merecen satisfacción y bienestar, y nuestro subconsciente cambia su motivación. Deja de enviar mensajes pesimistas en nuestros oídos, deja de instarnos a participar en prácticas de auto sabotaje y nos anima a atraer a personas y condiciones constructivas en nuestras vidas que gratificarán en lugar de negar.

Baja autoestima

La baja autoestima y el cinismo pueden dificultar el reconocimiento del compromiso y el auto-concepto, lo que puede hacerte sentir mal por las circunstancias y además evitar que asuma nuevos desafíos; por lo tanto, te impide tener relaciones satisfactorias en la vida. También puede destruir relaciones significativas. La baja autoestima, que influye en nuestros sentimientos, nuestros pensamientos y nuestra conducta, así como la imagen de cómo nos vemos y asociamos con nosotros mismos y con otras personas, puede ocurrir por algunas razones, incluida la insatisfacción de las personas que tú quieres, colocando tu autoestima en condiciones que están fuera de tu control, que cuando no salen de la manera que necesitas te hacen sentir como una decepción, y algunos problemas psicológicos, por ejemplo, trastorno límite de la personalidad y depresión.

Con respecto a la baja autoestima, hay algunas cosas que puede hacer para ayudar a vencerlo y ser la persona que estabas destinado a ser, que incluyen:

Devolver

Dar, ser voluntario y ayudar a otras personas que son menos bendecidas, no solo ayuda a quitarte la concentración a tus propios problemas, sino que además te hace sentir bien al darte cuenta de que estás ayudando a otras personas.

Lidia contigo mismo

Las cosas básicas como ducharte, cepillarte el cabello, usar prendas limpias, comer bien y ejercitar constantemente te ayudan a descansar tranquilo pensando en ti mismo. Expertos también señalan que la creación de su espacio vital agradable, limpio y atractivo también ayuda a mejorar tu actitud.

Rodéate de las personas adecuadas

La baja autoestima, por regla general, comienza de temprano en la vida debido a que no te gustan las figuras de autoridad. Por ejemplo, si siempre se le dijo que no estaba a la altura o si se lo juzgó por todo lo que hizo, puede evitar que se convierta en un adulto con una autoimagen positiva.

Intenta no compararte con los demás

Los psicoterapeutas advierten que las comparaciones solo conducen a una imagen negativa de tí mismo, lo que puede provocar una baja autoestima, estrés y tensión que, por lo tanto, pueden destruir tu trabajo, relaciones y bienestar físico y psicológico.

Conócete/ Conviértete en tu mejor amigo

A pesar de tus diferencias, tú eres valioso y tienes derecho a quererte. De esta manera, invierte energía en ti y reserva un esfuerzo para familiarizarte más contigo mismo, lo que te permitirá encontrar dónde eres único, extraordinario y meritorio, lo que te permitirá tener una mejor valoración de ti mismo. También puedes intentar hacer un resumen de tus logros y cualidades para ayudarte a recordar todo lo que has conseguido, y luego revisarlo en cualquier punto que necesites autoestima y necesites descansar tranquilo pensando en ti mismo.

Este es, además, un momento extraordinario para identificar y enfrentar cualquier perspectiva negativa que tenga sobre ti.

Repetir afirmaciones positivas

Del mismo modo, como las afirmaciones negativas, por ejemplo, tú eres inepto, pueden aceptarse, y también pueden ser negadas. En consecuencia, los psicólogos proponen que repitas las afirmaciones positivas que debes aceptar sobre ti mismo día a día para ayudarte a recuperarte a un período anterior a tu baja autoestima. De hecho, preguntar sobre esto demuestra que las afirmaciones positivas pueden incluso ayudar a disminuir los efectos secundarios de la depresión y el cielo es el límite desde allí.

Reconoce dónde necesitas cambiar

Nosotros como un todo tenemos problemas; No obstante, si no te das cuenta y reconoces dónde necesitas cambiar, puedes quedar atrapado en un ciclo interminable de baja autoestima, que se deteriorará a medida que intentes seguir huyendo de él. Por el contrario, ten en cuenta y reconoce dónde necesitas cambiar y luego toma el impulso para mejorarlo. Incluso puedes reclutar a un amigo o pariente para que te ayude.

Asimismo, debes ser consciente cuando te reprocha demasiado a ti mismo, y luego te aconsejas a ti mismo que no se trata de certezas, que te ayudarán a mantenerte alejado de los sentimientos negativos que pueden provocar un diálogo interno negativo.

En última instancia, las personas con una auto-gratitud positiva están dispuestas a progresar y tener relaciones cada vez más significativas, lo que significa que no dependen de fortalezas externas, por ejemplo, estatus o salario, para la autoestima, lo que les permite encontrar más alegría y tener una gran vida. De esta manera, sé consciente de a quién permites entrar en tu vida, así como las condiciones que permites tratar tu autoestima. También debes tener cuidado al tratar contigo mismo, incluidos el ejercicio y la alimentación sana, para ayudar a mantener tu cuerpo y su mente sanos.

Conformidad

Esta publicación ha sido extremadamente difícil de realizar. No con el argumento de que reflexionar sobre mi relación genera un muestrario completo de sentimientos: indignación; iluminación; decepción; molestia y ahora alivio, pero principalmente a la luz del hecho de que es extremadamente difícil articular ese momento. Es difícil verbalizar, de una manera que no me haga sonar dramático débil, a qué se parecía mi relación.

Si hay dos ejercicios clave que he aprendido, son los siguientes:

Las relaciones peligrosas pueden acechar sigilosamente a cualquiera.

Mi ex y yo estuvimos juntos por mucho tiempo. A pesar del hecho de que había algunos secretos en una etapa temprana, no les presté atención y nunca podría haber anticipado que nuestra relación resultaría de la manera en que lo hizo.

El abuso psicológico, y me modero en llamar a esto abuso, puede ser sin pretensiones y prácticamente difícil de analizar y rara vez inconfundible para los que están fuera de la relación.

Esto me llevó a dirigirme a mí mismo y a aceptar que todo era mi deficiencia y estaba en mi propia cabeza.

Aquí hay algunos puntos destacados de mi relación:

Su juicio fue constante.

Regularmente eran simplemente pequeñas cosas: no le importaba que mis uñas fueran excesivamente largas o pintadas a la luz del hecho de que "se ven como patas"; No era lo suficientemente comunicativa y activa con amigos en las reuniones; Debería hacer más ejercicio; deberíamos buscar la recomendación de su hermana para embellecer nuestra casa ya que "ella tiene un ojo extremadamente creativo". Es muy posible que tenga un ojo creativo, pero este era nuestro hogar, nuestro hogar, mi hogar y mi hogar. Dijo que era emocional y hormonal después del parto y que no estaba equipada para tomar una decisión razonable. Exigió pedir ayuda a mi madre, infiriendo que ella era apta para lo que yo no era capaz de hacer.

En retrospectiva las cosas eran completamente diferentes. El pretendiente perfecto era tipo: "Pen es un artesano excepcionalmente talentoso", "Pen fue impasible durante el trabajo".

A decir verdad, entenderlo ahora suena presuntuoso e insignificante, sin embargo, cuando se lleva a cabo la pequeña evaluación del día a día y sientes que cada detalle que se pasa por alto fácilmente podría utilizar una mejora en los ojos de tu pareja que no estás siendo considerado como un igual, y seguramente no estás siendo amado de manera correspondiente.

Utilizó tus 'sentimientos' para controlarme.

Mi ex dijo que "me culparía, resentiría y odiaría por el resto de nuestras vidas" si no aceptaba criar a nuestro hijo en la religión católica. Estas palabras, su rostro y el centro de recreación en el que estábamos paseando siempre estarán grabados en mi cerebro. En ese momento lloró. Dijo que nuestro hijo debía ser católico ya que su padre se había cambiado al catolicismo en su cama de muerte hacía catorce años.

Sin embargo, mi ex nunca va a la Iglesia, es un divorciado con quien me uní hace diez años para conseguirme una visa para permanecer en el Reino Unido, vivimos juntos y tuvimos un bebé sin su padre presente. Estas no son las conductas de un católico. En cualquier caso, no pude contradecir a mi ex en este punto ya que lamentaba la muerte de su padre. No pude dirigirme a él durante su increíble tristeza.

Bajó mis convicciones.

Mi ex gritó que mi falta de religión era 'un vacío', 'un hueco' en mí y que nunca podría ser capaz de interactuar o comprender completamente ser espiritual y aceptar.

Actualmente no me malinterpreten, es increíble cuando nuestras parejas pueden desafiarnos a discusiones intrigantes y ofrecernos mejores enfoques para observar el mundo. Esto es lo que necesito de una relación. No es increíble cuando te hacen sentir sin sentido, o tonto, o poco, o deficiente, o intentan alterar de manera confiable tu perspectiva sobre algo crítico para ti y en lo que tienes fe. Se deteriora cuando ignoran intencionalmente tus perspectivas, te desestiman a pesar de tu buena fe.

La receptividad a la nueva experiencia es increíble, sin embargo, una pareja controladora no considera que sea un camino en doble sentido, y solo necesita que tú se dé cuenta que eso es así.

Me cansaba tanto de pelear que necesitaba ceder.

Me mantengo alejado de las peleas. Yo sé esto. Tengo que mostrar signos de mejora en ello. Me agoté rápidamente de cualquier 'charla', así que cedería. La aceptación era más simple... hasta que llegó un problema en el que sus deseos eran tan incompatibles con mi marco de convicción y sus peligros eran tan obvios que no pude consentir más. Necesitaba terminarlo.

Tenía un temperamento aterrador.

Nunca me golpeó, sin embargo, regularmente golpeaba su mano contra la mesa justo en frente de donde yo estaba sentada. Si estuviéramos en el vehículo, lo aceleraría con fuerza para que los aparejos chirriaran y luego golpeara el pie con el freno. Anteriormente lo hizo desde el principio de la relación, la mañana después de que yo no hubiera subido al vehículo con él, ya que había estado bebiendo. Esa fue una pieza de información en esos días, una señal que pasé por alto. Lo hizo en enero hacía un año, mientras que nuestro bebé, Cygnet, estaba en la parte trasera del vehículo. En ese punto, fue excesivo.

Estoy fuera de la relación ahora. A fin de cuentas, estoy fuera de la relación en un sentido sentimental. Tendremos una relación de crianza por los hijos mientras ambos vivamos.

Lo que más me asusta actualmente es que no tendré la opción de emitir un juicio sobre si el siguiente individuo que conozca sea un tipo parecido de persona controladora. Me doy cuenta de que nuestra dinámica de control / sumisión me pasó por encima. La noción dañina de nuestra relación se me escapó. ¿Cómo no lo vi venir?

Esta es la razón por la que no creo que pueda considerar entrar en otra relación todavía. Yo no tengo la confianza en mi propia lucidez mental para tener la opción de identificar y dar seguimiento a las señales.

No tengo ni idea de lo que alguna vez lo haré.

Una de las propensiones más conocidas e inseguras que veo en las parejas e incluso en las relaciones a largo plazo es la conducta frecuente de aconsejar a su pareja lo que necesitan escuchar en lugar de lo que necesita, quiere, piensa y siente. Cuando obligamos a nuestra pareja en lugar de conectarnos en un nivel genuino y válido, se construye un matrimonio con bases precarias que pueden derrumbarse en cualquier momento.

Las personas complacientes e indulgentes y la sumisión son comunes. Entonces, ¿por qué razón es tan inevitable esta propensión?

Existen numerosos elementos por los cuales les decimos a los demás lo que creemos que necesitan escuchar, particularmente a nuestra pareja.

- Peligro de ser increpado

- Miedo al abandono

- No tengo la menor idea de cómo definir límites

- Eludir los sentimientos incómodos

- Nos gusta satisfacer a los demás, especialmente a los que amamos.

- Nosotros no tenemos la menor idea de lo que realmente necesitamos así complacemos

- Mantener una distancia estratégica de la pelea o conflicto

- Asustado por las respuestas de otro

Es simple, hasta que ciertamente no lo sea.

En general, puede ser difícil tener una reacción aceptable y justa, sin embargo, nadie puede hacer una relación floreciente y optimista sin autenticidad. La confianza se basa en la autenticidad.

No hay relaciones sólidas sin que cada individuo sea consistente consigo mismo primero. Cuando aceptamos o complacemos, por alguna de las razones anteriores, es improbable que estemos floreciendo en nuestra relación. ¿Por qué? Desde que comenzamos a sentirnos imperceptibles como si no hiciéramos una diferencia para nuestra pareja a pesar del hecho de que somos nosotros quienes hacemos que eso pase. Es igualmente inverosímil que nuestras necesidades u objetivos se cultiven, en cualquier caso, no tan rápido. Tampoco obtenemos la ayuda o el placer de compartir el viaje de nuestro desarrollo y anhelos si continuamente estamos de acuerdo con nuestro compañero.

Cuando me enamoré por primera vez, hice todo lo posible para evitar molestar a mi pareja. Además del hecho de que traté de satisfacerlo (antes que a mí), también reduje mis deseos y los suplanté con los suyos. En ese momento, cuando teníamos hijos, mis días estaban cargados de satisfacer a todos. A pesar del hecho de que mi conducta daba la impresión de estar rasgando la superficie, por dentro, me sentía vacía, y cada regalo parecía ser algo así como un truco. Además, a pesar de que las personas me veían como una persona amistosa y amable, entendí que la consideración genuina también debía ser benevolente para mí.

Lectura relacionada: ¿Por qué ser una persona complaciente daña las relaciones y qué hacer al respecto?

Hay una diferencia entre amabilidad y complacer

La consideración no es atenta, excepto si además es amable CONTIGO. Las personas que buscan satisfacer a los demás sin tener en cuenta sus propias necesidades cometen un error importante por varias razones.

1) Si no expresamos en nuestras relaciones lo que pensamos, queremos y necesitamos, no hay comunicación verdadera. Cuando retenemos información hacia los demás, las personas que nos rodean toman en cuenta datos incorrectos, fragmentados o inútiles

que tienen resultados, independientemente de si son confusos en ese momento.

2) Incluso si crees que tienes una idea bastante clara de quién es tu pareja, preferiría no decírtelo: ¡no eres un lector de mentes ! Quizás el mayor reclamo que recibo de las dos personas en una relación afectiva es que su pareja intenta revelarles lo que piensan o cómo sienten, o incluso intentan hablar por ellos. No podemos darnos cuenta de lo que está sucediendo en otra persona, independientemente del tiempo que hemos estado juntos. Suposiciones intrigantes sin límites de cercanía, comprensión y relación. Pensar que SABEMOS lo que piensa o siente nuestra pareja actúa como un canal descompuesto que obstaculiza y frustra discusiones importantes. Esta propensión a esperar también desata conflictos.

3) Cuando un individuo es un miembro inactivo en una relación, el bienestar y la esencia de la relación no pueden florecer, ya que es injusta. Mucho recae en un individuo y la relación no tiene la singularidad que podría lograr el compromiso total de los dos individuos. Además, aquí y allá, la relación incluso se convertirá en el significado de esa palabra que a todos les disgusta: codependiente.

4) Cuando confiamos plenamente en la promesa de nuestra pareja y aceptamos lo que nos guían para ser válidos, pero conservan sus emociones, inclinaciones o aversiones genuinas, el potencial del amor se repudia y la superficialidad se deriva de resultados concebibles. ¡Un minuto, una experiencia puede transformarnos! Una discusión pequeña puede cambiar la forma en que vemos el mundo y a los demás. Trata de no dejar pasar esta hermosa relación diciéndole a tu pareja lo que crees que necesita escuchar en lugar de lo que realmente quieres decir y lo que necesitas decir.

5) Cuando un individuo acepta una mentira o para calmar, los dos individuos en la relación dejan un problema o discusión con diferentes deducciones y conclusiones, que de vez en cuando tiene resultados positivos. En general, estas discusiones se prepararán para formar ideas erróneas en futuras relaciones. Muy bien puede ser tan directo como decirle a tu pareja que su salsa de espagueti es deliciosa cuando realmente crees que es excesivamente fuerte o dulce.

Es obligación de cada individuo dar un paso al frente para satisfacer sus propias necesidades en una relación.

Los complacientes se debilitan a sí mismos y a la relación al poner a su pareja en el mal servicio de los mensajes mixtos o comprensión deficiente. La consistencia y las reacciones explosivas son destructivas porque simplemente crean una fantasía de relación o comprensión.

En relaciones sólidas y maduras, agradamos a los demás cuando somos consistentes con nosotros mismos.

Exactamente en ese punto, podríamos dar y recibir desde un espacio libre y afectuoso.

Control

Al mirar a alguien, normalmente hay una batalla por quién tiene la ventaja. Con problemas de control sobre quién será la figura más predominante, puede comenzar un pequeño choque de géneros. Las mujeres regularmente necesitan demostrar su libertad y demostrar que son tan fuertes como los hombres. Mientras tanto, los hombres también necesitan poder y superioridad. Así que aquí hay algunas maneras diferentes en las que puedes estar a cargo o en control adicional sin darle a la relación la oportunidad de perdurar posteriormente.

Instrucciones para tener el control en una relación

Establecer límites

Es probable que tengas tu propio grupo de principios que se encuentran dentro de tu rango habitual de familiaridad, por lo que es imprescindible mantener una parte de estos cuando estás viendo a alguien. Si no tienes límites y sientes la necesidad de más control, intenta y establece algunos. Conoce los puntos que no puedes dejar pasar y háblalos obviamente con tu pareja. Además, asegúrate de que tu pareja se dé cuenta de que no hay manera de transigirlos y lleguen a un acuerdo con algunos limites justos y flexibles.

Tener auto respeto

Nadie más te tendrá en cuenta si no lo tienes por ti mismo. Al Salir con alguien, el respeto es básico, así que demuéstrale a tu pareja que te respetas a ti mismo. Ten cuidado por la forma en que habla de ti, cómo manejas el poder y cómo ve caracter. Todo esto será reflejado por tu pareja.

Mantén tu independencia

Intenta demostrar continuamente a tu pareja que eres tu propio individuo. Es beneficioso tener sus propios intereses secundarios y compañeros para invertir su energía fuera de la relación. Este es un método decente sobre cómo estar a cargo de una relación, ya que demuestra que estás bien contigo mismo.

Demuestra tu confianza

Tener confianza es atractivo, y si tienes fe en ti mismo, en ese momento estar a cargo debería ser más simple. Demuestra a tu pareja que tú mereces lo mejor. Este tipo de certeza te permitirá tener más poder en una relación. Si estás luchando con certeza, intenta recordar lo que es más esencial para ti y que tú eres significativo y merecedor. En ese punto, irradia esto en tu relación para ayudar a aumentar un toque de control.

Intenta no estar disponible

Sin perder el tiempo, asegúrate de que tu pareja se dé cuenta de que tienes una vida fuera de la relación. Esto es particularmente significativo en primer lugar con el objetivo de que no piensen que eres excesivamente débil. Demuéstrales que te valoras a ti mismo, que puedes vivir sin ellos y que tu relación se suma a la vida fantástica que tienes ahora. Esto te ayudará a entender cómo estar a cargo de una relación.

Actúa de acuerdo con tus palabras

Existen numerosas formas de cómo estar a cargo de una relación. Si necesitas que tu pareja te preste atención adicional y aumentar el control, intenta terminar tus palabras. Tu pareja sentirá la diferencia y te considerará más si actúas consistentemente con tus comentarios. Del mismo modo, debes intentar terminar y actuar cuando tengas una discusión con tu pareja. Si aseguras que habrá consecuencias seguras, en ese momento asegúrate de mantenerte firme. Tu pareja no te tomará en serio si generalmente cede contra tu promesa. Funciona igual con mantener las promesas; Asegúrate de ser directo y hacer lo que prometiste.

Usa el silencio durante el conflicto

En el momento en que tu pareja te esté lastimando de alguna manera u otra o esté fuera de lugar, trata de permanecer callado en lugar de demostrar que pierdes el control de sus sentimientos tan rápidamente. Tu compañero reconocerá que no tiene tanto control sobre ti si no respondes tan rápidamente a los enfrentamientos. Si tú estás considerando cómo ser responsable en una relación, tratar de hacer las cosas de manera diferente si no está funcionando. Al adoptar el enfoque pacífico y silencioso, encontrarás a tu pareja descuidado lo que puede ayudar a cambiar el equilibrio de poder.

Utiliza tu voz

Haz ruido y ten claro lo que necesitas de tu pareja. Si te respetan, significará mucho para ti que eres sincero y genuino. Al comunicarte obviamente, demostrarás que estás a cargo. Esto también te hará sentir cada vez más validado.

Trata a los demás como quieres que te traten

El brillante y excelente viejo consejo de tratar a los demás cómo quieres que te traten es una forma infalible para obtener el respeto de tu pareja. Esto también te permitirá aumentar cierto control que puedes haber perdido. Demuestra que tú eres responsable de tu conducta y decisiones y que le prestas atención.

Intenta no conformarte con menos

Demuestra a tu pareja que estás seguro y date cuenta de lo que mereces. Si un compañero puede lograr cualquier cosa de uno, en ese punto se pierde la capacidad del otro. Es esencial sostenerse y mantenerse firme. Además, si algo no funciona de la manera en que lo necesitas, no te resistas a irte. Demuestra que tienes autoridad sobre tus sentimientos y decisiones.

Intenta no perder el tiempo con juegos

Una relación adulta es aquella en la que se equilibra el control, y si intentas y pierdes el tiempo, en ese momento estás perturbando el equilibrio de poder. Asimismo, preferirías no salir con alguien a quien le guste jugar y sea excelente en esos juegos, ya que con frecuencia te pedirá que le quites el control. Aumenta el control en tu relación al indicar que no tienes que entrar en una batalla de poder a través de juegos inmaduros.

Habla sobre la lucha de poder

Antes de rebotar en los extremos o pensar en lo más terrible, intenta y examina con tu pareja que necesitas que el control se ajuste cada vez más. Examina maneras y explica lo que esperas en la relación. Indica a tu pareja que necesitas sentir que el control no es desigual.

Evasión

Las conductas de evasión son movimientos que un individuo realiza para escapar de pensamientos y emociones difíciles. Estos comportamientos pueden ocurrir desde numerosos puntos de vista y pueden incorporar actividades que un individuo hace o no hace. Las personas con problemas de ira adoptan regularmente conductas de evasión para eludir pensamientos perturbadores, sentimientos de miedo y, en general, manifestaciones relacionadas con la tensión.

Como individuo que maneja la ira y la ansiedad, a partir de ahora puedes sentirte cómodo con la evasión. Estos comportamientos pueden afectar negativamente numerosas partes de tu vida, incluida tu vocación, relaciones e intereses individuales o actividades de ocio. Puedes vivir manteniendo una distancia estratégica de las aperturas para el trabajo, las reuniones e incluso los parentescos que intentan mantener tu tensión bajo control.

Identificar cuando está sucediendo

Para cambiar cualquier comportamiento desadaptativo, inicialmente debes comenzar por tener en cuenta cuándo está sucediendo. Como parte del proceso, detente y piensa cómo te enganchaste constantemente con los comportamientos de evasión. Recuerda cualquiera que sobresalga. Es posible que hayas visto cómo hiciste esto de pequeñas maneras. Por ejemplo, tal vez evitaste a un amigo ya que te sentiste nervioso al chatear con él.

Cuando comienzas a seguir de manera confiable tus actividades, puedes sorprenderte al descubrir que estás participando en más conductas de evasión de las que sospechaste al principio.

También puedes ver grandes maneras con los que te ocupaste evadiendo, por ejemplo, tomar un curso diferente al trabajo para mantener una distancia estratégica de la autopista ya que lo hace sentir inquieto. Simplemente esforzándote por ver estas conductas, estarás preparado para transformarlas.

Impactos de los comportamientos de evasión

Además de limitar tu vida, las conductas de evasión con frecuencia tienen el impacto contrario al deseado. Si bien a corto plazo puede encontrar una tranquilidad temporal, a largo plazo, la evasión realmente provoca una tensión expandida.

Al mantener una distancia estratégica de lugares, individuos y ocasiones, la víctima de la ansiedad realmente está tratando de hacer huellas en una dirección opuesta a tus sentimientos de nerviosismo. Sin embargo, cada vez que te alejas de estos pensamientos y emociones que impulsan la tensión, realmente las está fortaleciendo. Te estás enviando el mensaje a ti misma de que el mundo es un lugar arriesgado. Al final, puedes llegar a estar cada vez más asustada acerca de un número cada vez mayor de cambios, considerando el ciclo de tensión para intensificarse.

Por qué hacer frente a la evasión crea estrés adicional

Las personas que viven con evasión a menudo se niegan a sí mismos de numerosos reuniones, actividades y relaciones. Los comportamientos de evasión relacionados con la ansiedad pueden evitar que continúes con tu vida sin límites. Lee con anticipación algunos consejos sobre la forma más competente para disminuir tus comportamientos de evasión relacionados con la ansiedad.

Descubriendo confianza y apoyo

La forma de derrotar los comportamientos de evasión es seguir enfrentando gradualmente aquello de lo que huyes de manera estratégica hasta que nunca más tenga un control sobre ti. Obviamente, hacerlo es bastante difícil. Esa es la razón por la que se prescribe que no se enfrente a una distancia estratégica mantenida recientemente solo de las circunstancias, sino que participe en ellas con un amigo o pariente de confianza cercano.

Dile a tu amigo que la circunstancia en la que se aventura es normalmente una fuente de ansiedad. Ten preparado un plan de apoyo en caso de que las cosas no salgan como esperas. Por ejemplo, vas a una gran reunión de la que normalmente huirías, habla hasta ahora sobre lo que necesitarás si te siente incómodo. Prepara a tu pareja para darte espacio si necesitas un par de minutos solo para lidiar con tu nerviosismo. Tal vez le advertirás que debes irte si las circunstancias se vuelven inmanejables. A pesar de tu arreglo, asegúrate de que tu pareja lo sepa para que reconozca lo que le espera si surge tu ansiedad.

Revelando tu trastorno de ansiedad a amigos y familiares

Ten en cuenta que nunca debes depender de alguien para respaldar tus sentimientos de nerviosismo de manera constante. Por lo tanto, incidentalmente puedes hacer un cambio en la evasión donde se vuelve excesivamente dependiente a esta persona. A la larga, tendrás que intervenir solo en las evasiones solo. En la actualidad, tu pareja puede estar apoyándote desde una separación, pero es solo cuando avanzas solo que realmente puedes vencer tus comportamientos de evasión.

Crea formas de lidiar con tu ansiedad

Sus conductas de evasión giran en torno a no tener ningún deseo de encontrar inquietud o diferentes manifestaciones del problema de la ansiedad. El mejor método para superar este temor es aprender las maneras que te permitirán controlar sus manifestaciones. Adaptar habilidades puede permitirte mantener tu nerviosismo dentro de los límites adecuados e incluso puede ayudarte a lidiar con tus ataques de ansiedad. Dichas habilidades se pueden aprender a través de la asistencia de un especialista o solo utilizando libros de autoayuda.

Algunos procedimientos básicos para ayudar a adaptarse a la ansiedad incluyen:

Relajación muscular dinámica

Actividades de respiración profunda

Reconstrucción del subconsciente

Seguimiento del nerviosismo

Ayuda experta está disponible

Pocos de los que sufren de problemas de ansiedad encontrarán comportamientos de evasión, a pesar de que muchos descubrirán que estos problemas ponen limitaciones innecesarias en sus vidas. Si descubre que sus conductas de evasión son inmanejables y fuera de control, podría ser una oportunidad ideal para buscar ayuda experta. Obtener asistencia competente con sus efectos secundarios de ninguna manera, genera una decepción de tu parte. A decir verdad, numerosas personas con problemas de ansiedad han descubierto que se recuperan más rápido a través del tratamiento.

Numerosas personas se sienten nerviosas en su relación, a la luz del hecho de que su pareja se mantiene alejada de la cercanía emocional. A pesar de lo desconcertante que pueda parecer la pareja que evade con frecuencia, no se les puede acusar de todas las cosas que ocurren en la relación.

Cualquier relación contiene una dinámica entre dos individuos, y los problemas dentro de la relación deben ser analizados tomando en cuenta las dos partes. Para comprender la evasión con respecto a una relación, debemos comenzar con un resumen de las conductas de evasión.

Identificando los Comportamientos Evasores en tu Pareja

Aquí hay algunos comportamientos que muestra regularmente la pareja "evasor":

- No devolver escritos, mensajes o llamadas

- Pasar por alto planes, eventos poco comunes o fechas

- No decir "Te amo" o diferentes muestras de afecto

- Evitar discusiones sobre un deber adicional, por ejemplo, monogamia, compromiso o matrimonio.

- Rechazar o burlarse de los esfuerzos de un compañero para estar más cerca o para conectarse en un nivel más profundo

Este comportamiento puede ser desconcertante y puede hacer que la pareja del individuo evasor se pregunte qué está "fuera de base" con respecto a la relación, y si la pareja evasora incluso los ama sin lugar a dudas. Regularmente hay discusiones sobre la relación, donde un compañero critica al otro por no preocuparse "lo suficiente" o demostrar su afecto de maneras específicas. Estas batallas pueden socavar la calidad de la relación y disolver la cercanía después de un tiempo.

Para esta situación, normalmente se piensa que la pareja de la persona evasora está "distraída" o "al límite" en la literatura especializada de las relaciones. Esto implica que pueden parecer entrometidos y controladores cuando discuten sobre la evasión de su pareja. La posibilidad de que la pareja evasora no los ame o no quiera centrarse en ellos desencadena una reacción de ansiedad (llamada alarma de relación).

Qué hacer cuando reconoces la evasión en tu pareja

La acción principal cuando percibes que tu pareja es evasiva es comprender cómo sus propios comportamientos y problemas pasados se suman a la dinámica. Puede funcionar con el terapeuta de parejas, pero en general, muchas personas que se sienten intuitivamente atraídas por la pareja evasora han tenido encuentros en su vida inicial donde un padre u otra figura clave de relación fue reprimida en la relación.

Cuando se encuentran con una pareja evasora, estas personas intuitivamente observan una oportunidad para finalmente hacer que una persona con problemas de relaciones se someta y esté disponible y comprometido. Estas parejas quedan atrapadas en una dinámica de distanciador-seguidor, lo que implica que una pareja busca la cercanía de la otra, mientras que el otro empuja para construir una separación emocional.

Para algunos, las personas unieron fuerzas con las personas que evitan, tiende a ser excepcionalmente valioso observar sus propias reacciones a la conducta de evasión, y dar sentido a si son útiles o no. Por ejemplo, enviarle mensajes de texto a tu pareja varias veces directamente para decirles lo afectado que estás por no haber respondido aún no suele ser un comportamiento propicia. Esto puede hacer que la persona evasora se sienta presionada, dominada y agredida. Entonces, ¿qué sería una buena idea que hicieras?

Tolerando a tu pareja por lo que es

El camino hacia una relación fructífera con una pareja evasora es reconocer cuál es su identidad, sin dejar de ser coherente con lo que necesitas. Esto no significa lo que necesitas - que en ese momento puede ser una discusión de contenido constante y progresiva que continúa durante 16 horas de vigilia - sin embargo, lo que debes sentir es como si no hubiera nada malo en el mundo, que podría ser una pareja que puede decir "Te amo" o alguien que no evade los planes.

Si la pareja evasora intenta reaccionar a tus necesidades esenciales de establecer lazos, no dudes en separarte de la relación. En cualquier caso, si están tratando de resolver sus problemas y aún tienen sus propios problemas para resolver, es posible que esto realmente no indique que las cosas no funcionarán.

La dinámica del seguidor-distanciador es normal, y no necesita implicar que tu relación esté condenada. Un especialista puede permitirte reconocer cuáles de los problemas de relación se deben fundamentalmente a tus debilidades y cuáles se deben a la evasión amorosa de tu pareja.

Fortalece tu relación con la terapia de pareja

La mayoría de los problemas de relación son, como puede suponer, debido a la dinámica impredecible entre estos estilos de relación, que con frecuencia se puede analizar de manera productiva con un terapista de parejas. Independientemente de si una relación feliz parece estar muy lejos ahora, se pueden explorar de manera efectiva numerosos problemas con la ayuda de un experto.

Recordatorios de recuperación

Los hechos confirman que el afecto es desinteresado. Cuando tenemos hijos, sus necesidades deben anteceder a los nuestros. No vamos a dejar a nuestro bebé llorar por un período considerable de tiempo por hambre en la noche, ya que queremos descansar cuando el bebé preferiría estar alerta y comer. Llevaremos a nuestros hijos a hacer ejercicios cuando estemos agotados o preferiríamos lograr algo diferente. Actuar como un padre capaz es amar a nuestros hijos.

En cualquier caso, cuando generalmente ponemos al otro primero en nuestras relaciones de adultos, en detrimento de nuestro propio bienestar o prosperidad, podríamos ser codependientes.

Sobre codependencia

La codependencia es un comportamiento aprendido. Observamos las acciones de nuestra familia cuando somos niños. Si nuestra madre o padre tuvo un problema con los límites, fue siempre el santo, nunca dijo "no" a las personas y tuvo enfoques errados para disciplinar, indudablemente tomamos estos comportamientos y los incorporamos a nuestras relaciones amorosas.

Los jóvenes que crecen con padres con problemas para relacionarse también están en peligro de ser codependientes. Regularmente terminan viendo a alguien donde su pareja tiene retraso para relacionarse, sin embargo, mantienen la expectativa de que pueden cambiarlo. Independientemente de lo que ocurra, no dejarán de confiar en que algún día las cosas serán geniales.

La expectativa inconsciente es que el otro verá todo el afecto que le damos y estará motivado para cambiar. Aceptamos que si simplemente nos mantenemos firmes y damos nuestro afecto, comprensión y respaldo, al fin obtendremos el amor que queríamos de nuestra familia. Este razonamiento es perjudicial si no tenemos límites sólidos que nos protejan de las heridas físicas o emocionales y le dejen saber a nuestra pareja que su comportamiento rudo no es aceptable.

La parte más notablemente terrible es el punto en el que no entendemos lo que está sucediendo y seguimos viviendo en una relación fría, ya que nunca nos hemos dado cuenta de a qué se parece una relación sana. Las personas codependientes no aceptan que merecen amor, por lo que se conforman con menos. Con frecuencia, terminan recibiendo abuso mental, emocional, físico e incluso sexual de su pareja.

Las personas que son codependientes frecuentemente buscan cosas fuera de sí mismas para sentirse mucho mejor.

Estructuran relaciones que no son beneficiosas, con la esperanza de "arreglar" al otro. Una persona con propensiones codependientes puede terminar en una relación cercana con un individuo que tiene problemas de adicción que los justifican de ser reprimidos en sus relaciones. Su pareja o ellos mismos podrían ser trabajadores obsesivos o desarrollar algún otro comportamiento enfermizo para mantener alejado del sentimiento de vacío en la relación. Esto es más simple en el momento presente que analizarse y lidiar con sus sentimientos.

El método más efectivo para saber si tú eres codependiente

Si está viendo a alguien que crees que podría ser codependiente, el primer paso hacia la libertad es dejar de mirar al otro e investigar a ti mismo.

Si realmente diceque está de acuerdo con las siguientes afirmaciones, puede ser codependiente:

En general, amará a las personas que puedes compadecer y proteger.

Te sientes a cargo de las actividades de los demás.

Das más de lo que ofreces en la relación para mantener la armonía.

Temes ser abandonado o solo.

Te sientes a cargo de la alegría de tu pareja.

Necesitas el respaldo de otros para recuperar su propia valía.

Experimentas problemas de adaptación al cambio.

Experimentas problemas al decidirte por las opciones y te cuestionas regularmente.

Dudas en confiar en los demás.

Tu mentalidad está limitada por las opiniones y sentimientos de las personas que te rodean.

La codependencia se encuentra regularmente en individuos con trastorno límite de la personalidad (TLP), a pesar del hecho de que esto no significa que todas las personas con problemas de codependencia también cumplan con los criterios para la conclusión de TLP.

La relación entre codependencia y adicción

Uno de los numerosos problemas con una relación codependiente es que puede estar potenciando accidentalmente la adicción de una pareja. En su esfuerzo por demostrar su afecto "ayudando" a su pareja, puede desmoralizar a esa persona con respecto a buscar el tratamiento importante para calmarse.

Por ejemplo:

Tú justificas que tu pareja está bebiendo diciendo que ha tenido un día desagradable o necesidad de relajarse.

Racionalizas cuando tu pareja no puede llegar a reuniones sociales ya que ella se ve afectada por la heroína.

Dejas que tu novio (a) adquiera remedios narcóticos en cualquier momento en que se queje de cualquier angustia menor, a pesar del hecho de que estás estresado por su creciente dependencia a la prescripción.

Discretamente asumes obligaciones adicionales en la casa o en la crianza de tus hijos con el argumento de que tu pareja está constantemente impedida.

Tú pasas la mayor parte del tiempo pidiendo perdón a otras personas o haciendo favores para arreglar las relaciones dañadas por el uso indebido de medicamentos o licores de tu pareja.

Tú arriesgas tu propio futuro monetario al prestar dinero a tu pareja para cubrir las obligaciones derivadas del abuso de sustancias.

La adicción debilita el juicio y las aptitudes de razonamiento básico. Esto hace que sea extremadamente difícil para alguien con un problema de uso de sustancias ver que la persona en cuestión necesita ayuda. Cuando haces un esfuerzo especial para evitar que tu pareja encuentre los resultados del uso indebido de sustancias, haces que sea más difícil que el individuo reconozca que existe un problema.

Amar a alguien con un problema de uso de sustancias también puede hacer que tus propensiones codependientes se salgan de control. En el momento en que tu pareja está actuando de manera caprichosa debido al uso indebido de medicamentos o licores, es todo menos difícil recurrir al comportamiento codependiente en tu batalla para mantener un sentimiento de autoridad sobre el entorno turbulento. Esto hace un bucle sin fin que los atrapa a ambos en una relación disfuncional y desafortunada.

Recuperarse de la codependencia

Afortunadamente, la codependencia es un comportamiento aprendido, lo que significa que muy bien puede ser ignorado. Si valoras a tu pareja y necesitas mantener la relación, debes enmendarte como una cuestión de primera importancia.

Algunos pasos importantes para recuperar su relación de la codependencia incluyen:

Comienza a ser directo contigo y tu pareja . Hacer cosas que preferiríamos no hacer no solo quema nuestro tiempo y energía, sino que también acelera los sentimientos de resentimiento. Hacer comentarios que no queremos decir solo nos perjudica, ya que en ese momento estamos llevando a cabo una falsedad. Sé directo en tu comunicación y en la transmisión notificación información de tus necesidades y deseos.

Deja los pensamientos negativos. Atrápate cuando comiences a pensar negativamente. Si comienzas a imaginar que no tienes derecho a ser tratado seriamente, reponte y cambia tus pensamientos. Ten seguridad y mayores deseos.

Intenta no pensar en las cosas literalmente. Se necesita una tonelada de trabajo para que una persona codependiente no piense en las cosas literalmente, particularmente cuando está en una relación sentimental. El paso inicial es tolerar lo diferente tal como es sin intentar arreglarlo o cambiarlo.

Tomar descansos. No hay nada de malo en tomar un descanso de tu pareja. Es beneficioso tener amistades fuera de su relación. Salir con compañeros nos lleva de regreso a nuestro interior, ayudándonos a recordar quiénes somos realmente.

Piensa en terapia. Entra en terapia con tu pareja. Un terapeuta se incluye como un extraño imparcial. Pueden llamar la atención sobre inclinaciones y actividades codependientes entre ustedes que quizás no conozcan. La entrada puede dar una etapa inicial y rumbo. El cambio no puede ocurrir si no cambiamos.

Depende del apoyo de tus amigos. Personas mutuamente dependientes anónimas, es una reunión de 12 pasos como Alcohólicos Anónimos que alienta a las personas que necesitan liberarse de sus patrones de comportamiento codependiente.

Establecer límites. Las personas que luchan con la codependencia con frecuencia experimentan dificultades con los límites. Nosotros no tenemos la menor idea de dónde comienzan nuestras necesidades o terminan las del otro. Regularmente florecemos de la culpa y nos sentimos terribles cuando no ponemos al otro primero.

El amor propio no es egoísta

A medida que intentas romper el ciclo de la codependencia, puede parecer que te están instando a actuar de manera egoísta y fuera de línea con tu pareja. Esto no podría ser más fuera de base.

En una relación sana, los dos individuos tienen caracteres adultos fuera de su tiempo juntos. Cada uno de ellos lleva importantes contribuciones en la mesa, formando una relación que les permite a los dos desarrollarse y crecer.

Ver a un amigo o familiar luchar con la adicción a los medicamentos o al licor es trágico, sin embargo, no estará en ninguna situación para ayudar al tratamiento de la adicción de su pareja, excepto si dedica unos minutos para abordar sus propias necesidades de bienestar emocional.

Conclusión

Gracias por haber llegado al final de *Guía de recuperación de la codependencia*, esperamos que fuera informativa y capaz de proporcionarle con todas las herramientas que necesita para alcanzar sus objetivos de lo que sea.

El siguiente paso es que nos guste en las redes sociales y correr la voz sobre la relevancia del libro para otros en relaciones difíciles.

Finalmente, si encuentras este libro útil de alguna manera, ¡siempre se agradece una crítica honesta !

www.ingramcontent.com/pod-product-compliance
Lightning Source LLC
Chambersburg PA
CBHW030912080526
44589CB00010B/274